絵解き
風流
子ども歳時記

尾原昭夫
Akio Obara

柳原出版

絵解き

風流子ども歳時記

目次

―夏―

―秋―

まえがき

　わが国の最も古いわらべうたの記録とされるのは、平安時代、幼い鳥羽天皇が御所の庭に降りしきる雪を眺めてうたわれた「ふれふれこゆき」です。たった数行の短いその歌が、じつに一千年の時空を超え、連綿として今に広く伝えられているということは、その永い永いそれぞれの時代に生きた日本の子どもたちが、降る雪とこの歌とをいかに共感をもって受け入れてきたかを物語ると同時に、そこに日本人の自然の営みに対する鋭い美感とゆたかな情緒、風土への深い感受性と同化性といったものを感じ、私などそのあまりに単純で清らかさ故に、とっさに感動が胸にせまる思いがします。それは、おそらく俳句や和歌などとも共通する、日本語を話し、日本語でうたい、日本語で詠む、日本人の美意識そのもののあらわれではないかとも思われてなりません。こうした日本の風土と自然の中で遊び、育ってきた子どもたちが、その自然にふれ、学び、感動を直感的に、端的にうたってきたわらべうた、また身近な生活や年中行事などの場で、伝統に培われ「うたい」「伝え」てきた数々のわらべうたに、今、日本人が忘れ、失いかけている大切な何かが、数えきれないほどにたくさん秘められていることを強く感じます。

　以上は拙著『日本のわらべうた　歳事・季節歌編』（文元社　二〇〇九年刊）の「まえがき」の出だしです。本書はその姉妹編ともいうべく、四季それぞれの行事や自然、子どもの遊びなどを、歴史的に由来や変遷・伝承の跡をたどり、可能な限り絵画資料を駆使して、往時の子どもたちの生きた姿を「目に見る」風俗誌としても理解を深めたいと願って、日本子守唄協会発行の季刊「ららばい通信」に、平成二十九年（二〇一七）正月の新春号から令和四年（二〇二二）の秋号まで連載執筆し、今回改めて単行本として再編したものです。

　「風流」という言葉には、雅びで趣があること。美しく飾ること。趣向をこらすこと。などの意味を含み、そこから「ふりゅう」とも言って、衣装を飾って踊る芸能の群舞、念仏踊り、小歌踊り、盆踊りなどにも用いるようになり、さらに石川豊雅の『風流十二月』や歌川広重の『風流をさなあそび』のように、子どもの行事や遊びの絵の題名にも使われるようになりました。そうした伝統をふんで本書のタイトルにも用いることとしました。

正月の初詣で、お雑煮、炬燵《こたつ》のぬくもりとカルタ遊び。雛祭りの華やかな飾りと春のよろこび。端午の節句の粽《ちまき》や菖蒲湯の香り。笹竹に願いを込めて短冊をつるし、七夕の星を仰ぎ見て夢を広げる。盆提灯の灯りのもと、ナスのお馬やだんごを供えてご先祖様を想う。豊年を祝う祭りの神輿や屋台店の楽しみ、そしてお囃子のときめき。一年、四季それぞれに、私たちの暮らしのなかで息づく、人それぞれの幸せへの願い、また世の豊かな恵みと平和への祈りと感謝。その時どきに共に生きる人々が心を一つにして祈り、よろこびを分かちあう、これが永い伝統に培われた日本人の心の奥深くに、絶えることなく継承されてきた尊い精神です。どんなに世がデジタル化し、スマホを手放さず、またＡＩに人智を依存するといった時代に変わろうとも、いやそのような機器優先の時代が進めば進むほど、日々の生活の習わしを受け継ぎ、家族や友人との絆や思いやりを大切に、それらを力とし心の糧として生きる、それが何よりの幸せな人生につながると言えるのではないでしょうか。

刊行にあたり、古代から近代に至る数知れぬ資料の執筆者たち画者たちの、子どもたちへの温かく熱いまなざしと愛情に満ちたご努力に深く敬意と感謝を捧げ、また、連載でお世話になりました日本子守唄協会理事長の西舘好子様、刊行本の編集から発行までお力添えをいただきました柳原出版の柳原浩也社長、柳樂智紗様、装幀の上野かおる様、亜細亜印刷の皆様に、心から厚く御礼申し上げます。

この本をすべての日本の子どもたちへ、過去・現在・未来の、すべての日本人に捧げます。

令和六年（二〇二四）師走

尾原昭夫

一　本書は、子どもの遊びや行事の実態を歴史的に把握することに主眼をおき、できるだけ古代から近・現代まで、それぞれの時代の文献を探索し関連事項を抽出、さらに子どもたちの生きた暮らしや遊びの姿を、絵巻、屏風絵、絵本その他の絵画資料にもとづいて文献資料と照合し、より立体的にその態様を知ることができるよう心がけた。また、常に発しては消えゆく「うた」の歌詞のみならず、その旋律の採録にも努めた。

二　歴史的史料からの引用に当たっては、原本の記述を尊重しながらも、句読点や拗音、振り仮名などに読みやすいよう手を加えた。

三　出典はそれぞれの箇所に、また巻末に、図版・参考書・楽譜（採譜者を含む）をまとめ掲出した。

新春

中扉／**羽根つき**　鮮斎永濯画　『子供遊画帖』

四季之内春遊　国輝舎国彦画

大人も子どももそれぞれに正月の遊びを楽しむ、心なごむ平和なひととき。右から「毬つき」「縁結び」(宿世《すくせ》結びとも。男女の名を別々に紙切れに書き入れ紙縒りにし、束ねたなかから二本をからめて抜き取ったり、結んだりして、偶然の縁を占う遊び。)「絵草紙」「三味線」「十六むさし」「数拳」。

独楽廻し　鮮斎永濯画　『子供遊画帖』

初夢の宝船　松本洗耳写　『東京風俗志』

諸国羽子板図　おもちゃ絵

「左義長羽子板」などの古い祝儀物の羽子板と地方の様々な羽子板を一覧として描く。

爆竹《とんど》　『諸国図会年中行事大成』

旧暦正月十四日の小正月に行われる火祭り。注連飾りや松飾りを焼いて悪霊を追い払う。左義長ともいう。子どもたちは書初めを燃やし、高く上がるほど手が上がるとして喜ぶ。

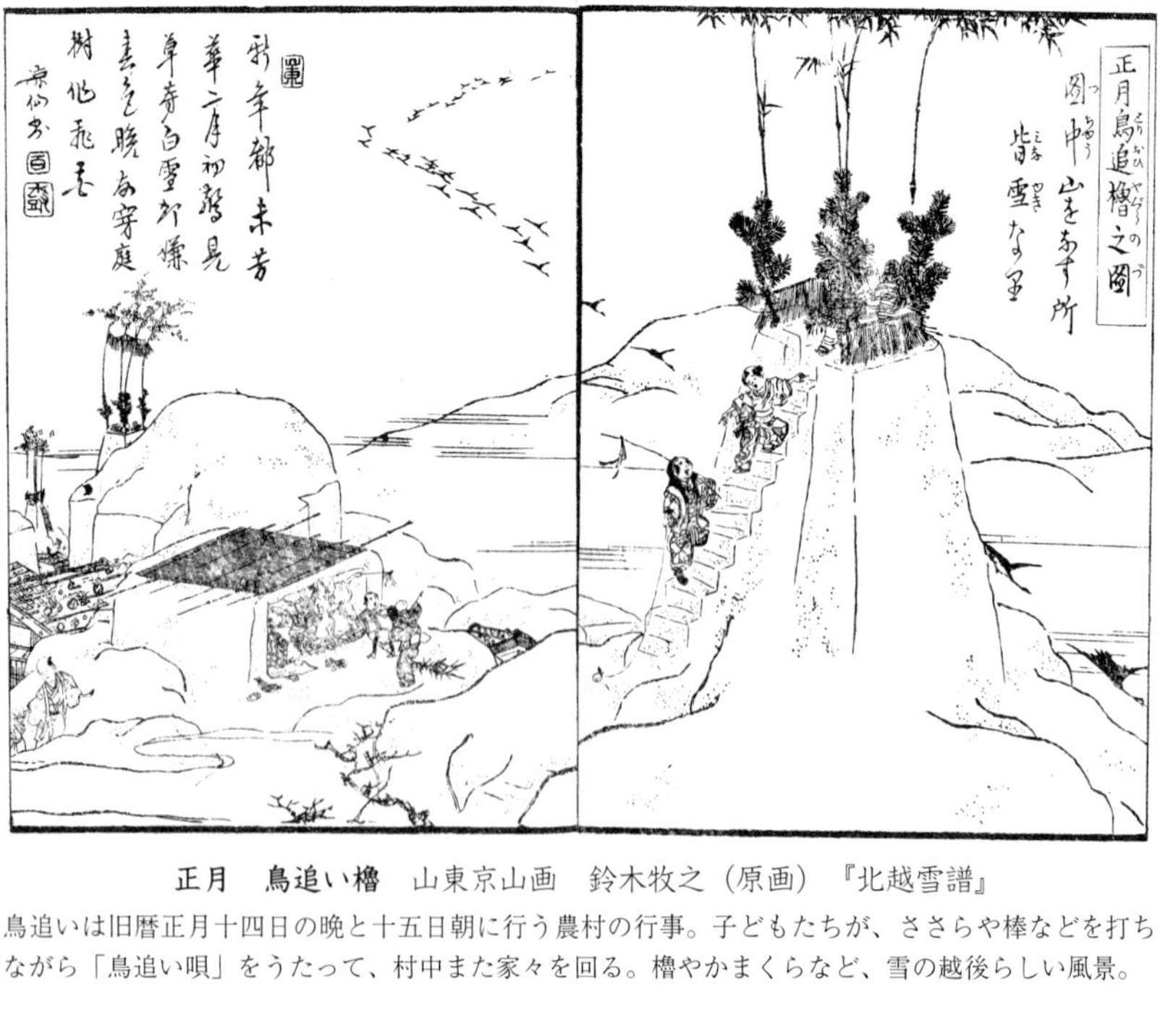

正月　鳥追い櫓　山東京山画　鈴木牧之（原画）『北越雪譜』

鳥追いは旧暦正月十四日の晩と十五日朝に行う農村の行事。子どもたちが、ささらや棒などを打ちながら「鳥追い唄」をうたって、村中また家々を回る。櫓やかまくらなど、雪の越後らしい風景。

節分　豆まき　『絵本江戸風俗往来』

初午　鮮斎永濯画　『江戸年中行事図絵』

二月最初の午の日は稲荷神社の縁日で、開運を祈る参詣者で賑わい、子どもたちも家々を回ってお初穂をいただいたり、境内で太鼓を打ったりして、楽しみながら祭りを支える。

風流をさなあそび　歌川広重画　（江戸後期）

右頁下・左頁上下／子どもの遊び　松本洗耳画　『東京風俗志』（明治）

江戸砂子年中行事　元旦之図　楊洲周延画　筆者蔵

「お正月がござった」の巻

正月のよろこび

お正月がござった
どこまでござった
神田までござった
何に乗ってござった
ゆずり葉に乗って
ゆずりゆずりござった

東京わらべうた（楽譜56頁）

待ちに待った「お正月」、つまり歳神様を迎えるよろこびとときめきをこめて、美しくうたわれる東京のわらべうたである。同類は広く全国に、

さまざまな形でうたわれる。

正月に家々に迎え祭られる歳神様は、五穀豊穣や豊漁、商売繁盛などをもたらす神で、門松はそのよりしろであり、大掃除をして場を清め、注連《しめ》を飾り、鏡餅を供える。唄に出てくる「ゆずり葉」は新しい葉が伸びると古い葉が落ちるところから正月の飾りとして用いられる。

子どもたちも、おいしいお雑煮やお節で歳神様から元気と成長の力をいただくとともに、男女ともに、時には大人もまじって、おおっぴらに、のびのびと、解放されて遊べるのだから、「正月はいいもんだ」とうたい、心おきなく遊ぶのだ。

もういくつ寝ると　お正月
お正月には　凧あげて
独楽をまわして　遊びましょう
早く来い来い　お正月

滝廉太郎編『幼稚園唱歌』

「凧《たこ》」「独楽《こま》」は男の子の、「毬《まり》」「追羽根《おいばね》」は女の子の、正月の代表的な遊び。そのほかにも、正月の遊びは数え切れないほどある。このような正月の遊びをうたう唄のルーツは、じつはかなり古く、室町時代の狂言歌謡にまでさかのぼる。

「兎角子共達《とかくこどもたち》」の一節に、「正月ガヲジャレバ　玉打ツ羽《ハネ》ツカウ、カルタ将棊《ショウギ》双六、重《チョウ》カ半モヨイ物、弓矢フリツヾミ、」などとあるのをはじめ、近世に入ると長唄や常盤津《ときわづ》、小唄や流行唄《はやりうた》などでも盛んにうたわれてきた。その例を二三あげておこう。

まづ正月は門に立つとよ松竹《まつたけ》の、蔭に羽根つ

く手鞠《てまり》とる、ぶり〱毬杖《ぎっちょう》手にふれて、玉を打出の破魔弓《はまゆみ》や、七草薺《ななくさなずな》よ、爆竹《とんど》やおほん骨牌宝引《かるたほうびき》、

半太夫節「京わらんべ」『松の落葉』

一夜あければ、門松礼者に、万歳、鳥追いしゃら〱、七草薺《ななくさなずな》よ、爆竹《とんど》やおほん骨牌宝引《かるたほうびき》、道中双六、お宝〱、穴一、こまどり、大凧あげたか、姐《ねえ》さん羽根を突く、大きなおい度を知り振りまする。

「四季十二ヶ月はやことじんくくづし」

三田村鳶魚編『瓦版のはやり唄』

一夜《いちや》明ければ　羽根つく音も　ひとごにふた
ごに　御代《みよ》の春　通り神楽の　笛の声
門に立ったる鳥追の　歌の文句も宝船　恵比
寿に似たる万歳の　御簾《みす》よりもれる笑い声
吹きだしそうな福寿草　ふくれるやつは　餅《もち》
ばかり

「とっちりとん」倉田喜弘編『江戸端唄集』

正月を迎えてのこの熱気。数え唄・手毬唄の「一夜明ければ賑やかで」のとおり、江戸の街中、いや日本中が活気に満ち溢れ、まさに順風満帆の宝船の船出の観がある。

冒頭に掲げた周延《ちかのぶ》の「江戸砂子年中行事　元旦之図」には、おめでたい富士山を背景として、江戸城大手門前、登城の大名やお供の衆、子どもたちの凧揚げ、羽根突きの景がみごとに描かれ、そして同じく、国郷《くにさと》の「凧揚げ」の絵も、待ち焦がれた元旦を迎えての、はちきれんばかりの子どもたちの元気が、生き生きと迫ってくるようで爽快だ。

凧たこ上がれ

山路来て向ふ城下や凧の数　　太祇

正月の凧や子供の手より借り　　百合山羽公

初春子供遊び　凧揚げ　（部分）　歌川国郷画　筆者蔵

こういった句が絵にぴったりのように思える一方、次のような心温まる句もある。

兄いもと一つの凧をあげにけり　　安住敦

暮るるまで兄弟凧を競いけり　　高村寿山

凧は空高く〈飛翔〉するところから、隆盛・立身・繁栄の意味をもつ縁起かつぎの行事ともなって、江戸時代から子どもも大人も盛んに行ってきた。凧が大空に威勢よく上がるよう、元気に大声で凧揚げ唄をうたう。

かぜふけ　なふけ、かぜのかみは　よわいな、てんとさま　つよいな。

江戸　万亭応賀『幼稚遊昔雛形』

風吹ケな吹ケ、ドードの山で、麦一升やるから、ドードトふーきやーれ。

東京　山中共古「山の手の童謡」

たこたこあがれ　天まであがれ
字だこに絵だこ　もっともっとあがれ
東京（楽譜56頁）　拙著『日本のわらべうた』

風の三郎ぁ病《へえ》やみだ　お日さままめだ
カラカラ風吹ウけ吹け
山形

唐人唐人風いこせ　風をいこさにゃ山止める
お神酒《みき》を一杯あげますに
風をどうどとおくれんさい
岐阜（楽譜57頁）

てんぐ《（天狗）》んさアん風おくれ　いわしの頭三つやる
三つがいやなら四つやる
てんぐんさアん風おくれ
愛媛

風の勢いを増すために、風神や唐人、天狗までも呼び出して、時には誉め、時には強くけなす、誠に愉快そのものである。

羽根突き唄

一方、羽根突き唄の方は、逆に風が強いとうまく突けず困るところから、凧揚げ唄とはさかさまの唄をうたう。さぞ風の神様もお困りであろうに。

風吹くな、なアふくな、どをどの山で、麦ヲ
一升遣《やら》ぬから、どをどゝ吹《ふう》くうな。
江戸　岡本昆石『あづま流行時代子供うた』

ほかは多く数え唄である。

一子《ひとご》にふたご、三《み》わたしよめご、だんのふやく
し、あすこのやじゃ十《とお》う、こゝのやじゃ十う。
江戸　釈行智『童謡集』

同じ数え唄でも、うまく月々の行事をうたい、一年の計を頭に描くよう仕向けるものもある。

お正月門松　二月は初午《はつうま》
三月雛さま　四月が釈迦さま
五月がお幟《のぼり》　六月天王《てんのう》
七月七夕　八月八朔《はっさく》
九月が菊月　十月恵比須講《えびすこう》　霜月《しもつき》　師走《しわす》

栃木（楽譜58頁）　拙著『日本のわらべうた』

次はちょっと異色の羽根突き唄で、因幡《いなば》の鳥取城下、遠く江戸に出仕の父を想う娘のせつない心をうたう。

ホーケキョ　ケキョヨケキョヨケキョー
ホーケキョ　ケキョヨケキョヨケキョー
羽根や羽子板いらねども
江戸の父《とっ》つぁんに会いたいわいな
ホーケキョ　ケキョヨケキョヨケキョー
筆や硯《すずり》はいらねども
江戸の父つぁんに会いたいわいな
ホーケキョ　ケキョヨケキョヨケキョー

（楽譜58頁）

羽根突きの遊びは平安時代から行われた胡鬼《こぎ》の子遊びという厄払いの意味をもつ行事に発し、幼子に病をもたらす蚊を食う蜻蛉《とんぼ》に似せた羽根を飛ばして、蚊を追い払う呪《まじな》いともいわれ、正月の代表的遊びとなった。それが浅草の羽子板市のように縁起物として正月に飾る豪華な羽子板にもなって今日に至る。

正月の手毬唄

毬突きは、江戸時代から正月を中心として女性にもっとも愛された遊びだけに、長編の手毬唄が数限りなく生まれうたわれてきた。そのなかから、特に正月にちなむものを、唄の歴史も考えて古い記録から紹介しておこう。

一つとや、一と夜あくればにぎやかで〱、
おかざり立たる松かざり〱。
二つとや、二葉《ふたば》の松は色ようて〱、三蓋松《さんがいまつ》
は上総山《かずさやま》〱。
三つとや、皆さま子供達は楽《らく》遊び〱、穴い

春の御庭遊戯乃図　（部分）　歌川豊国画　筆者蔵

ち小《こ》まどり羽根をつく〳〵。

四つとや、吉原女郎衆《よしわらじょろしゅ》は手鞠つく〳〵、手まりの拍子は面白や〳〵。

五つとや、いつもかはらぬ年男〳〵、年をばとらひで嫁をとる〳〵。

六つとや、無病で帖《たたん》だ玉章《たまずさ》は〳〵、雨風吹《ふく》ともまだとけぬ〳〵。

七つとや、南無阿弥陀仏を手に添《そへ》て〳〵、後《ご》生《しょう》願ひのおじゝ様御祖母《おばば》様。

八つとや、やはらよいとや千代の声〳〵、おちよで育てた御児《おこ》じゃもの〳〵。

九つとや、爰《ここ》へござれや姉さんよ〳〵、（草履や雪駄《せきだ》でちヤら〳〵と、ちヤら〳〵と。）

十《とお》をとや、年神さまの御かざりは〳〵、だい〳〵かち栗ほんだはら〳〵。

十一とや、十一十二日は蔵開き〳〵、御倉を開《ひらい》て祝ひましょ〳〵。

十二とや、（十二神楽《かぐら》を舞上げて〳〵、爺《ぢいぢ》や婆《ばあば》を喜ばしよ〳〵。）


（楽譜59頁）

江戸　喜田川守貞『守貞漫稿』嘉永六年成

（注）一部脱落箇所を（　）内に補充。

常磐津《ときわづ》「子宝三番叟《こだからさんばそう》」の詞章に「突くや手毬の数え唄」とあり、初演の天明七年（一七八七）以前からこの数え唄がうたわれていたと思われる。

おん正《しやう》しやう〳〵お正月、松立《たつ》て竹立《たつ》て、
喜ぶ者《もをの》ハお子供衆《しゆ》、嫌がる者《もをの》ハお年寄《としより》、
旦那《だんな》の嫌ひは大晦日《おおみそか》、一夜《いちや》明《あけ》れば元日で、
年始の御祝儀《ごしゅうぎ》申しましヨ、
お煙草盆《たばこぼん》、お茶持《も》て来《こい》、
吸物なんぞハ早《は》ヨ持《も》て来《こい》、
一《ひ》イ二《ふ》ウ三《み》イ四《よ》ヲ、夜《よをる》も昼《ひいる》も赤《あゝか》い頭巾冠《づうきんかぶ》りふんまいた。

東京　岡本昆石『あづま流行 時代子供うた』
明治二十七年刊

最後は江戸中期、明和の頃（一八六四～七二）に、江戸中に美人で評判となったお仙の手毬唄で締めくくろう。

絵に「かぎや」とあるのは、谷中《やなか》（現台東区）の笠森《かさもり》稲荷《いなり》門前の水茶屋鍵屋。その稲荷は瘡《かさ》、つまりできものや梅毒に霊験ありとされる神で、病の平癒を祈願するときは、まず土の団子を、願いがかなったときは米の団子を供える習わしとなっていて、茶屋には両様の団子が置かれている。

ところがその茶屋のお仙が大評判の美女となれば、一

笠森お仙　鈴木春信画　筆者蔵

目お仙見たさに若者たちが参詣にかこつけて押しかけるということとあいなった。

向ふ横町《よこちやう》のお稲荷様へ一銭献《あげ》て、
ざつと拝んでお仙の茶やへ、
腰を掛けたら渋茶を出して、
渋茶よこ〳〵横目で見たらば、
米の団子歟《か》、土《つち》の団子か、
お団子だア丶んンご、
先ゝ《まづまづ》一貫《いつかん》貸しまアしいた。

（楽譜59頁）

『あづま流行　時代子供うた』

「お団子団子」の後へ「この団子を、犬にやろうか、猫にやろうか、とうとう鳶《とんび》にさらわァれた。」ともうたう。

京　賀茂の景（部分）『年中行事絵巻』中央公論社

「降れ降れこ雪」の巻

賢帝堀河天皇と讃岐典侍

ここにまさに感動をもたらす愛と奉仕のすぐれた日記文学がある。『讃岐典侍日記《さぬきのすけにっき》』。作者は平安後期の女官で堀河天皇に仕えた讃岐典侍、本名藤原長子《ふじわらのちょうし》。その名は、父が讃岐入道と称された歌人藤原顕綱であり、官命が「典侍」、つまり「ないしのすけ」略して「すけ」というところからくる。

堀河天皇は鳥羽天皇の父であり、かの後白河法皇の祖父にあたる。「末代の賢王」と称されるほどの人格・才能ともにすぐれた天皇は、管絃、殊に笛の達人であった。しかし、まことに不運なことに病弱で、二十九歳にして崩御される。日記は天皇の生々しい闘病とその看護のさまを上巻に、わずか五歳の幼帝、鳥羽天皇に仕える身となってから、亡き帝の忘れ難い想い出を涙ながらにつづるのが下巻である。そこにわらべうたのわが国最古の記録とされる「降れ降れこ雪」が登場する。

降れ降れこ雪

〈嘉永三年（一一〇八＝改元後天仁元年）　正月二日の条〉

朔日《ついたち》の日の夕さりぞ参り着きて、陣入るるより、昔思ひ出《い》でられてかきぞくらさるる。局《つぼね》に行き着きて見れば、こと所にわたらせたまひたる心地して、その夜は何となくて明けぬ。

つとめて、起きて見れば、雪、いみじく降りたり。今もうち散る。御前《おまへ》を見れば、べちにたがひたることなき心地して、おはしますらん有様、ことごとに思ひなされてゐたるほどに、「降れ、降れ、こ雪」と、いはけなき御けはひにておほせらるる、聞こゆる。こはたそ、たが子にかと思ふほどに、まことにさぞかし。思ふに、あさましう、これを主《しゅう》とうち頼みまゐらせてさぶらはんずるかと、たのもしげなきぞ、あはれなる。

『讃岐典侍日記』石井文夫校注・訳より
（『新編日本古典文学全集二六』小学館）

〈現代語訳〉（石井文夫訳）

元日の日の夕方に皇居に参り着いて、（御門の）陣に車を引き入れると同時に、昔が思い出されて、おのずと心を暗くする。局《つぼね》に行き着いて様子を見ると、かつてのような、堀河天皇がほかの所にお出掛けになっておられる心持がして、その夜は何ということもなくて明けた。

翌朝、起きて外を見ると、雪がたいそう降り積っていた。今も降り乱れている。天皇のおいでになる方を見ると、堀河天皇のご在世の時と別に変ったことのない感じがして、今は鳥羽天皇がおいでになるという、その有様が、関係のない別のことに、何となく思いなされているうちに、「降れ、降れ、粉雪」と、あどけないご気配で仰せになるのが、聞こえてくる。これは誰かしら、誰の子なのかしら、と思っていると、ほんとうに鳥羽天皇ご自身なのであった。思えば、思ってもみなかったことで、このお方を主君とお頼み申しあげておそばにお仕えしようというのかと、頼りになりそうにもないのが、悲しく思われる。

壁に張られた笛譜の跡

笛の名手であられた堀河天皇は、雅楽の笛の譜を覚えるために日夜ご努力を重ねられ、御所の壁に笛譜を張り付けなどしておいでになったことが日記に記されていて、私なども日本雅楽会の教室で龍笛を習い、正月の初稽古に暗譜して演奏した経験から、その箇所などは時空を超えて身に迫る想いを禁じ得ない。作者の涙を、幼いながらに帝が「ほ文字のり文字のこと」といったませた言葉で察するところなどもじつに感銘深くて胸を打たれる。

御前におはしまして、「われいだきて、障子《さうじ》の絵見せよ」と仰せらるれば、よろづ覚むる心地すれど、朝《あさ》餉《がれひ》の御障子《みさうじ》の絵、御覧ぜさせありくに、夜御殿《よるのおとど》の壁に、明けくれ目馴れておぼえんとおぼしたりし楽《がく》を書きて、押しつけさせたまへりし笛の譜の、押されたる跡の、壁にあるを見付けたるぞあはれなる。

笛のねのおされし壁の跡みれば
過ぎにしことは夢とおぼゆる

悲しくて袖を顔に押しあつるを、あやしげに御覧ずれば、心得させまゐらせじとて、さりげなくもてなしつつ、「あくびをせられて、かく目に涙の浮きたる」と申せば、「皆知りてさぶらふ」と仰せらるるに、あはれにもかたじけなくもおぼえさせたまへば、「いかに知らせたまへるぞ」と申せば、「ほ文字のり文字のこと、思ひいでたるなめり」と仰せらるるは、「堀川院の御ことと、よく心得させたまへる」と思ふもうつくしくて、あはれも覚めぬる心地してぞ笑まるる。

『讃岐典侍日記』森本元子全訳注より（講談社学術文庫）

降れ降れこ雪伝承の跡

幼い鳥羽天皇がおうたいになった「降れ降れこ雪」からおよそ二百年を経過した鎌倉時代後期のころ、同じ京都の人、吉田兼好は『徒然草』でこのわらべうたについてふれる。

降れふれ粉雪　たんまれこ雪
垣や木の股に

すでに当時これを「丹波のこ雪」と誤ってうたっていたというのである。我が国初のわらべうた考証である。以下各時代の諸書から関連記事を拾ってみよう。

「降れ〱こ雪、たんばのこ雪」といふ事、米搗《よねつ》きふるひたるに似れば、粉雪といふ。「たまれこ雪」と言ふべきを、誤りて、「たんばの」とは言ふ也。「垣や木の股に」と歌ふべしと、ある物知り申《まうし》き。昔より言ひけること（に）や。鳥羽院幼くおはしまして、雪の降るに、かく仰《おほせ》られけるよし、讃岐典侍が日記に書きたり。

『徒然草』久保田淳校注より　第百八十一段
（『新日本古典文学大系三九』岩波書店）

降れ〱雪よ　宵に通ひし道の見ゆるに

〈訳・校注〉
降れ降れ雪よ。宵に通ってきた道の足跡が見えるから。子供達の雪の唱え言「降れふれこ雪」を恋の世界に取り込んだ。

『閑吟集』土井洋一・真鍋昌弘校注より
（『新日本古典文学大系五六』岩波書店）

折ふし、桜花にはかに、はら〱と、落散《おちちり》みだれければ、貫之が歌を、ふと、おほし召出して。いかにも、大文字にあそばしける。桜ちる木のした風はさむからで　空にしられぬ雪ぞふりける是はいかに、との

雪ぶつけ　雪ころがし　「京風俗十二カ月図巻」『近世風俗図巻』毎日新聞社

たまへば、彼僧、いや、是もいまだ耳なれず候、と申す所へ、又、さくら花、風にちらされ、さつ〳〵と、みだれければ、そのまゝ、あそばしけるは、

雪やこんこ　あられやこんこ
お寺の柿の木に　ふりやつもれ　こんこ

（参考楽譜60頁）

『一休はなし』江戸前期　寛文八年（一六六八）より
（『仮名草子集成』東京堂出版）

雪の柳橋　小原古邨画　日本の名画808

雪ぶつけ　雪ころがし　西川祐信画　『絵本大和童』

雪やこんこ、あられやこんこ、
みやまの奥の、たびらこやこんこ〱。

これは冬、雪あられのふる頃云。『徒然草』に、ふれ〱こ雪、たんばのこ雪。

大山《だいせん》やまの、雪ころび〱や。

これは雪をこかして云(ふ)詞。

『筆のかす』野間義学　享保一七年(一七三二)成
写本『古今童謡』より
(『古今童謡を読む』尾原昭夫・大嶋陽一・酒井董美
今井出版)

白秋のお話「雪こんこん」

雪こんこんのお話。雪こんこんは、何処の国でもうたひます。ほんとに、あの紫がかった薄墨いろの空から、こんこんと雪が湧いて降って来るのはうれしいものです。それも降りだしたなと、お窓からでも眺めてゐる時分がなんとも云へません。お窓の格子につかまって。

雪ぶつけ　雪ころがし　雪だるま　氷かつぎ
西川祐信画　『絵本西川東童』

ふれふれ、小雪。たまれ、小雪。
垣や木のまたに。

これはずっと昔、鳥羽天皇のお小ひさい時にお歌ひになったものださうです。雪のうたでは一番古いもののやうです。それが後に、「ふれふれ小雪、丹波のこ雪……」と、なまって歌ふやうになったと云ひます。

雪ばな。ちる花。空に虫が湧くわな。
扇腰にさいて、きりりと舞ひましょ。

京都ではかう歌ひます。あのちらちら粉雪を、白い虫が湧くと見たのは、かはいいではありませんか。雪の一つ一つが生きてゐるやうではありませんか。（以下略）

『お話・日本の童謡』北原白秋より
（一九二四　アルス）

「降れ降れこ雪」の伝承例

ふれ、ふれ、こんこ、空みりゃ虫虫、
空みりゃ虫よ、下みりゃ綿よ。
岐阜

降る、降る、雪が、空見りゃ虫よ、
屋根見りゃ綿よ、下見りゃ雪よ。

〈類歌〉
ふれふれ、雪よ。ふれふれ、こんこ。
岐阜

雪ふりこんこ、積もれ積もれ、お寺の柿の木に。
愛知

雪よふれふれ、正月ござれ。
兵庫

雪や降れ降れ、正月どがござる、
杵の先に餅つけて、かぶりかぶりござる。
兵庫

雪やこんこん、霰やこんこん、
お寺の松の木に一ぱい積もり、こんこん。
京都

（楽譜60頁）

雪やこんこん、霰やこんこん降っといで、
丹波のおばはん降っといで、
雪やこんこん、霰やこんこん、
丹波の奥から降っといで。
大阪

『日本伝承童謡集成』北原白秋より
（一九四七～国書刊行会　三省堂）

乾坤輝く　横山大観画　日本の名画808

新春絵暦・うたごよみの巻

佳き初夢を

お正《しょ》月《が》っつぁん　お正月っつぁん
どこまでお出でたな　富士のお山の裾まで
何を持ってお出でたな　みかんに　かちぐり
だいだい　ほんだわら

滋賀わらべうた

「一富士　二鷹　三なすび」が初夢の吉兆とされる。日本一の富士の山、その富士山麓の鷹は最高で、駿河の茄子《なす》も逸品だとして、徳川家ゆかりの駿河の国にちなむとする説。また富士は不死に、鷹は高貴で出世に、茄子は子孫繁栄に通ずるという説、など諸説がある。

宝船　なかきよの　『守貞漫稿』

お宝　お宝　お宝ァ

東京わらべうた

東京の下町では、正月二日の夜に枕に敷いて寝ると佳い初夢を見るとして、七福神の宝船を描いた木版刷りの「お宝」を、その日の夕暮れに子どもたちが売りに走った、その売り声である。絵の余白には「なかきよの、とをのねふりのみなめさめ、なみのりふねの、をとのよきかな」（永き世の、遠の眠りの皆目覚め、波乗り船の、音の良きかな）という、上から読んでも下から読んでも同じ言葉になる回文《かいもん》の和歌が刷り込まれていた。永《とこし》えの平穏と幸せを願う、まことにめでたい歌である。

出雲の玩具　張子の虎　筆者蔵

令和四年（二〇二二）は寅年。虎にちなみ私の故郷、出雲の張子の虎の写真を掲げる。出雲ではおもに端午の節句に飾るおなじみの郷土玩具である。

虎の唄といえば、かつて大流行した尻取り唄の「牡丹に唐獅子」を挙げておきたい。言葉遊びとして、また子守唄にもうたわれた。

牡丹《ぼたん》に唐獅子《からしし》　竹に虎
虎を踏まえた　和唐内《わとうない》
内藤様は　下がり藤
富士見西行《ふじみさいぎょう》　後ろ向き
むき身はまぐり　ばかはしら
柱は二階と　縁の下
下谷上野《したやうえの》の　山かつら
桂文治は　咄家《はなしか》で
でんでん太鼓に　笙の笛
閻魔《えんま》は盆と　お正月

東京わらべうた

福寿への祈り

千ぞや万ぞ　お船はギッチラコ
恵比寿か　大黒か　こちゃ福の神よ

東京わらべうた（楽譜60頁）

福の神　恵比寿・大黒の人形　筆者蔵

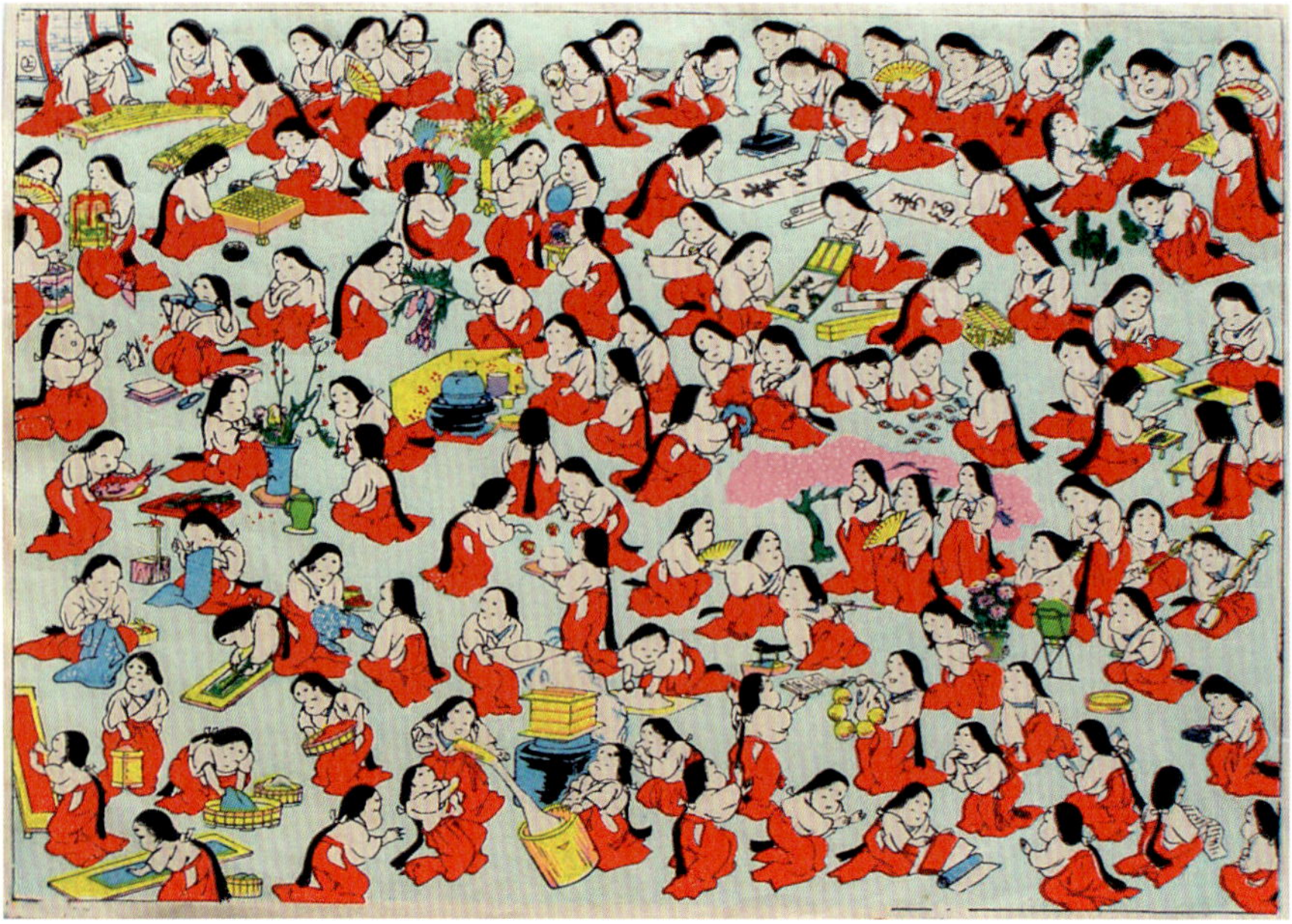

玩具絵　百福年中行事　筆者蔵

お恵比須《えべす》さんの　能には
一に　俵《たあら》ふんまえて
二には　にっこり笑うて
三には　盃《さかずき》差し合うて
四つは　世の中いいように
五つは　出雲の若恵比須
六つは　無病息災に
七つは　何事ないように
八つは　屋敷を取り広げ
九つ　小蔵《こくら》を建て広げ
十に　取って治まった

新潟子もりうた

千福山《せんぷくやま》の　中の沢で
縞の財布を　見つけた　見つけた
おっとり上げて　中を見たれば
黄金の玉は　九つ　九つ
一つの玉をば　お上に上げて
朝日長者よと　呼んばれた　呼んばれた

呼ぶも呼んだし　呼ばれもしたし
朝日長者よと　呼んばれた　呼んばれた
長者殿は　京から下って
瀬田の反り橋　かけやる　かけやる
瀬田の反り橋　踏めば鳴るが
大工柄《だいくがら》か　木柄《きがら》か　木柄か
大工柄より　木柄よりも
手斧《ちょうな》とかんなの　かけ柄　かけ柄

岩手子もりうた

正月の遊び

福笑い　おかめの顔付け
『吾妻余波』

餅つきに見入る子守たち　山本松谷画
『風俗画報』

寛文年間　京都の正月　ぶりぶり
羽根つき　『風俗画報』

正月の遊び　ぶりぶり（今のホッケーに似た打球遊戯）　西川祐信画か　『大和童行事絵巻』

春の賑わい（部分）歌川国芳画　筆者蔵

かるた会　竹久夢二画　日本の名画808

七草の鳥追い

七草なずな　菜っ切り包丁まな板
唐土《とうど》の鳥が　日本の国へ
渡らぬ先に　合わせてバッタバタ

静岡正月うた（参考楽譜61頁）

正月七草の鳥追い　山本松谷画　『風俗画報』

唐土の鳥ならぬ感染拡大中の新型コロナウイルスも、バッタバタ、トントントーンとたたき出し、しっかり追っ払ってしまいたい。

小正月のとんど　なまはげ

小正月の左義長（とんど）　『天和長久四季あそび』

旧暦の正月十五日、または十四日から十六日までを〈小正月〉という。元日から七日までを「大正月」というのに対しての言い方で、二番正月などともいう。小正月には全国的にさまざまな行事が、むしろ大正月以上に盛大に行われてきたが、なかでも子どもたちに印象深いのは「左義長」や「とんど」などという〈火祭り〉や、秋田の有名な「なまはげ」などであろう。

秋田　小正月の「なまみはぎ」　菅江真澄画
「男鹿の寒風」『菅江真澄全集』　未来社

雪に暮るる　川瀬巴水画
日本の名画808

雪は友だち　豊年のしるし

雪よ降れ降れ　正月ござる

兵庫わらべうた

上見れば虫コ　中見れば綿コ　下見れば雪コ

秋田わらべうた（楽譜62頁）

少女年中行事双六　巌谷小波案　池田蕉園画　「少女世界」付録　明治42年　博文館　筆者蔵

「新版まりうた壽語六」　歌川国利画（部分）　筆者蔵

正月の遊び　絵双六の巻

江戸の手毬唄を双六に

昔は子どもたちにとって一年中で一番の楽しみは正月で、外では凧を揚げ、独楽をまわし、羽根を突いて、また室内では手毬を突き、双六でさいころを振って思い切り遊びほうけることができた。江戸後期には浮世絵、特に色彩豊かな錦絵の発達・流行にともない、子ども向けの〈絵双六〉もひじょうにもてはやされ、種々数々の絵双六が売り出される。明治になると子どもの教育にも資するものとして、情報を満載した手軽な〈おもちゃ絵〉も派手な色刷りで大流行する。

そのうちに絵双六は子どもの雑誌の付録としても登場し、たちまち全国の子どもたちの人気をあつめ、明治・

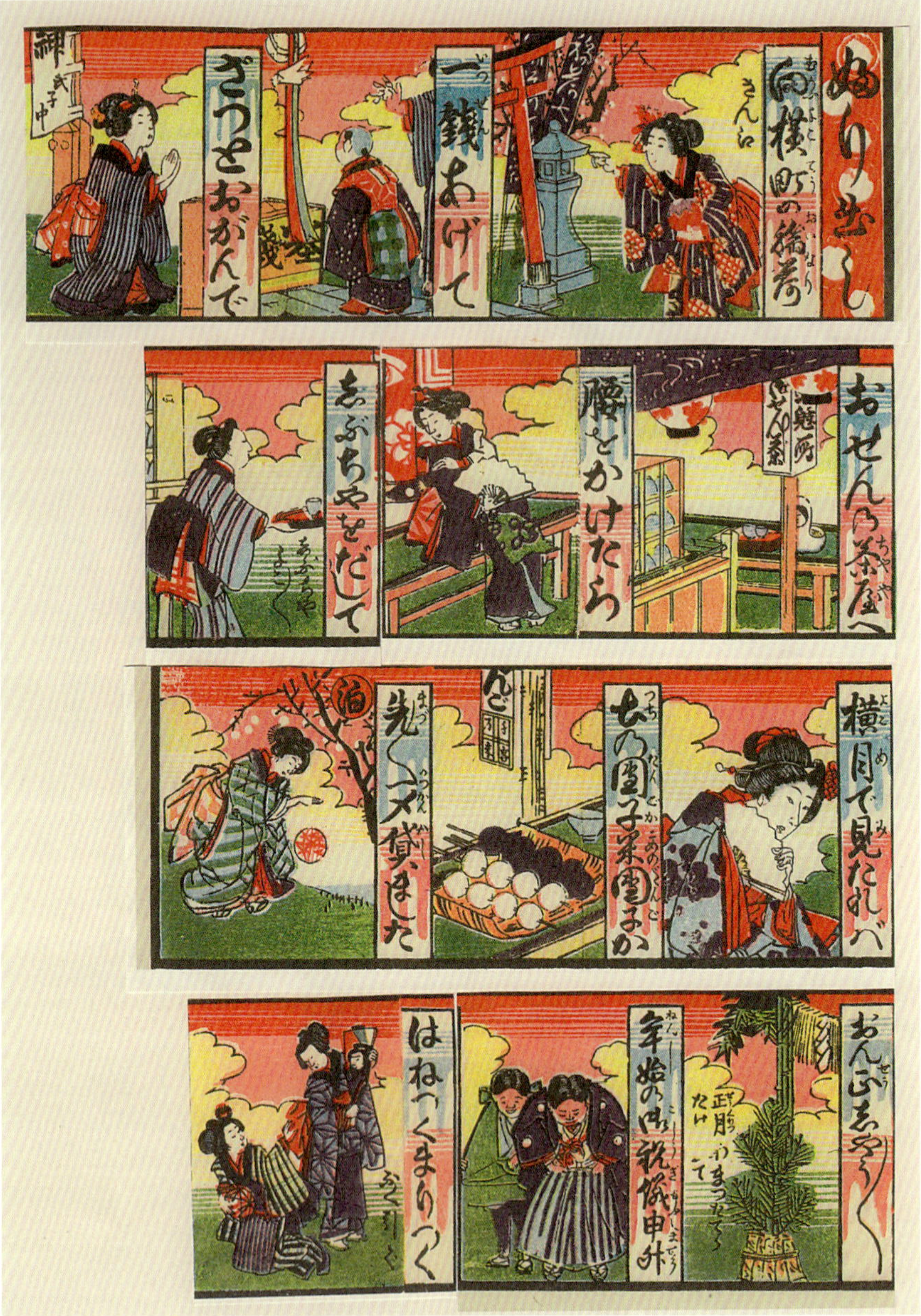

「新版まりうた壽語六」より［一］

大正・昭和と、まさに国民的な娯楽物となっていく。

　今回はそのなかから、江戸の手毬唄をそのまま題材として歌川国利《くにとし》描くところの「新版まりうた壽語六《すごろく》」を取りあげることにする。

新版まりうた壽語六

「新版まりうた壽語六《すごろく》」は明治三十一年（一八九八）歌川国利画、日本橋の堤吉兵衛の版。江戸・東京でうたわれていた手毬唄の歌詞を、双六の一こま一こまに分け、それぞれを絵で表すという奇抜なアイデアの双六である。以下、こまごとに文字を現代仮名遣いに変え、かつ一部平仮名を漢字に変えて翻刻を記し、必要に応じ注記を施すことにする。

　なお、絵双六の進む順序は、紙面右下の〈ふり出し〉から時計回りに、渦巻状にだんだん中心へ向かうので、絵や文字が横向き、あるいは逆さまになっていくのが普通であるが、ここでは、文字と絵を見やすくするため、それぞれの絵を切り離して縦に並べることにしたい。

1　ふり出し
向こう横町のお稲荷さんへ
2　**一銭あげて**
3　**ざっとおがんで**
4　**おせんの茶屋へ**
5　**腰をかけたら**
6　**しぶちゃをだして**
　しぶちゃよこよこ
7　**横目で見たれば**
8　**土の団子か米の団子か**
9　**先ずまず一貫貸しました**〈泊〉
（注、「団子か」以下、歌詞を省略している。また、〈泊〉とあるのは、ここに来たら一回休みということ。）
10　**おん正しょうしょう**
　正月は松立てて　竹立てて
11　**年始の御祝儀申しましょう**
12　**はねつくまりつく**
　ふく（を）ひく

「新版まりうた壽語六」より［二］

13 よろこぶものは
おこどもしゅ〈泊〉
14 旦那の嫌いは大晦日
ひィふゥみィよゥいッむゥなナやァこノ
とォ
15 十ォから下ったお芋やさん
（注、十《とお》を「唐《とう》」にかさねる。唐芋《とういも》、つまりサツマイモ）
16 お芋は一升いくらだい
三銭二厘（さんじゅうにもんトモ）でございます
17 もちっとまからか
ちゃからかぽん
18 おまえのことなら
まけてあげよ〈泊〉
19 升《ます》おだし　ざるお出し
20 まないた包丁出し掛けて
21 頭を切られる八ッ頭《がしら》
22 しっぽを切られる十《とお》のいも

ひィふゥみィよゥ〈泊〉
（注、ここで別種の手毬唄につなぐ。）
23 向こう見いさい新川《しんかわ》みさい
24 帆掛船《ほうかけぶね》が二艘通る
二そうとおる　三ぞうとおる

「新版まりうた壽語六」より［三］

25 あとから屋形がおし
かける

26 船人留《せんどうと》めろ　とめたら
わいらに五升やろな

27 五升いらぬ三升いィらぬ
〈泊〉

28 わいらにかまうと
日がくゥれる

29 日は暮ゥれる　お月は出ェる

30 三吉弥吉《さんきちやきち》は今はやる
いまはやる　お江戸ではァやる

（注、ここでまた別種の手毬唄へ。）

31 東京《おえど》の戸長《なぬし》の中娘

32 いろ白で桜色で

33 江戸崎《えどざき》塩屋へ
もらわれた

34 その塩屋が伊達《だて》な塩屋で

35 金襴緞子《きんらんどんす》に合紫《あいむらさき》を
〈泊〉

七かさね

36 七重《ななかさね》八重《やかさね》かさねて
染めてくだされ紺屋《こんや》どの

「新版まりうた壽語六」より［四］

37 **紺屋のことなら染めても**

38 **進上《しんじょう》が張っても進上が**

〈泊〉

39 **御形《おかた》は何と付けましょう**

40 **肩裾《かたすそ》に梅の折り枝**

　中は御所のそりはし

（注、「肩裾」は室町末期から多く小袖に用いられた、和服の中間部分を無地にし、肩と裾の部分だけに文様をつけたもの。）

41 **その反り橋渡る者とて**

　渡らぬもォのとて

42 **ちょきにちょんぎら**

　こう　入り舟千ぞう積みました

（注、「ちょき」は緒牙舟《ちょきぶね》で、細長い櫓漕ぎの舟。）

43 **お目出度《めでた》やお盃《さかずき》**

　たいひらめ

44 **上り**

　一ツあまれば「おめでた」へかえる

　二ツあまれば「ちょきに」へかえる

　三ツあまれば「そのそりはし」へかえる

　四ツあまれば「かたすそ」へかえる

　五ツあまれば「おかたは」へかえる

（注、さいころの数が〈上り〉に合わないとき、余りの数により指示のところへ戻って続ける。）

お正月がござった

（東京）千代田区

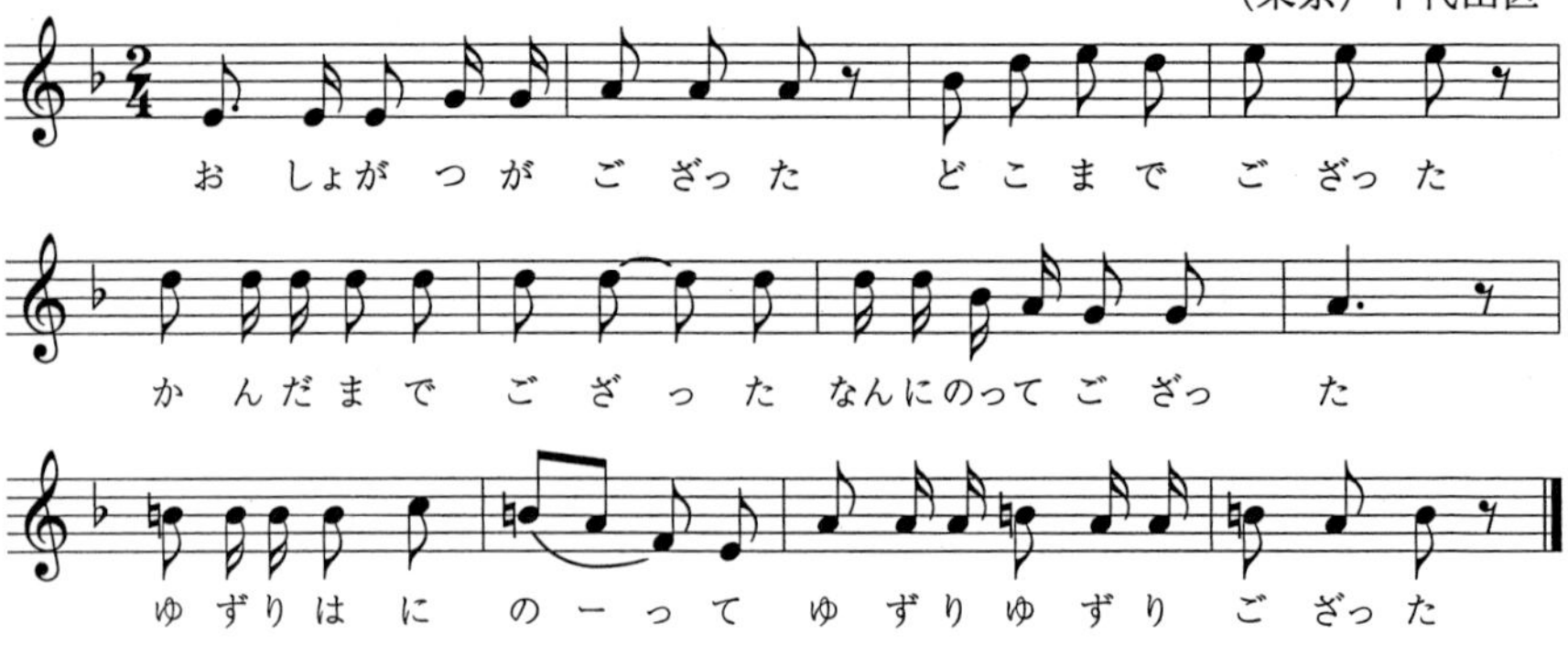

たこたこあがれ

（一）　　（東　京）

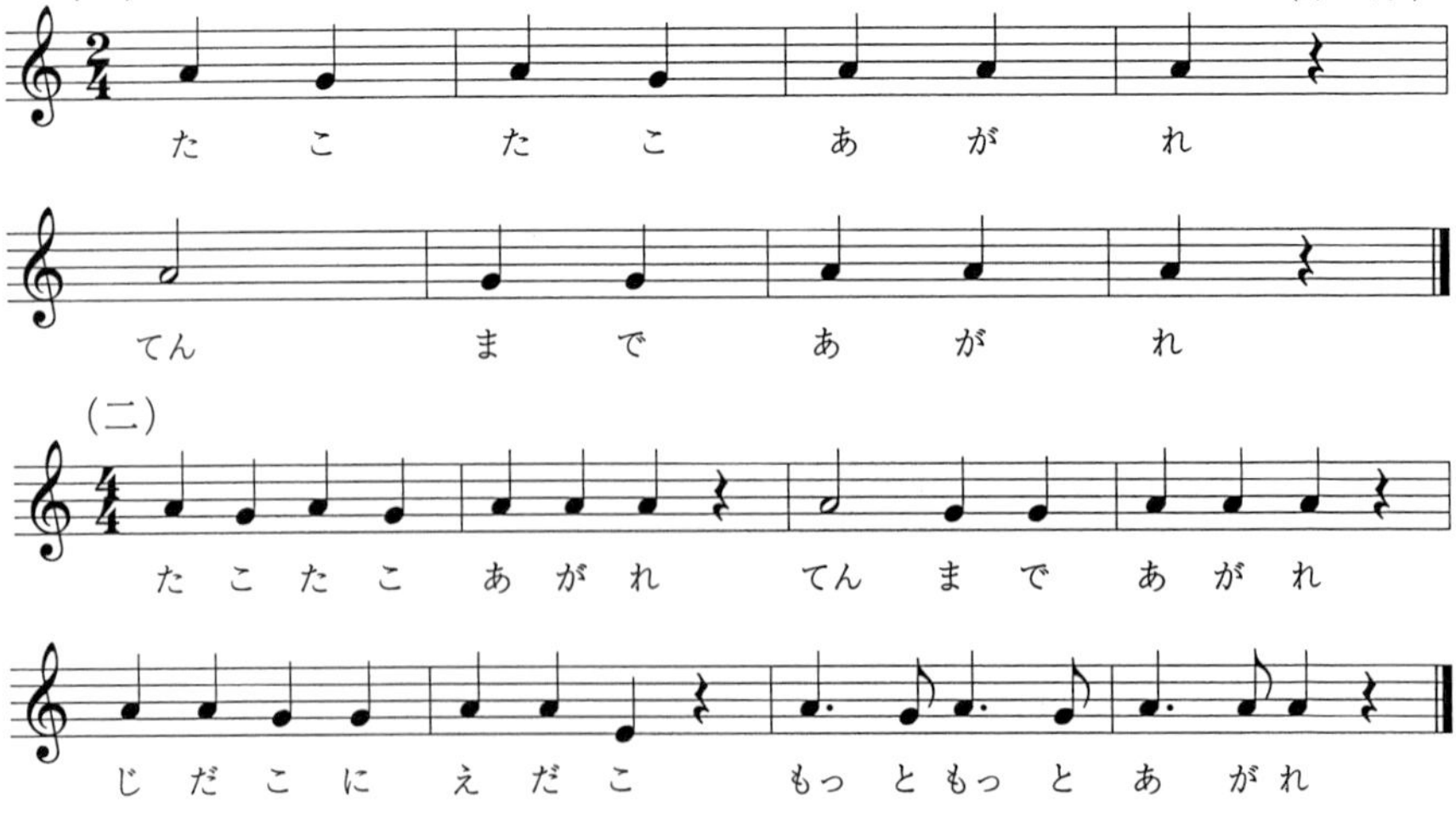

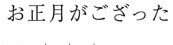

唐人唐人

（岐阜）高山市

ひとめ ふため

（京　都）

お正月門松

（栃木）足利地方

羽根や羽子板

（鳥取）因幡地方

一つとや

（東　京）

（小音符のように歌う場合もある）

向こう横町の

（東　京）

雪やコンコン

（京都）京都市

千ぞや万ぞ

（東　京）

七草なずな

（東京）文京区

その鳥ゃどこから

（新潟）南魚沼郡六日町

どんど焼きぼうぼ

（長野）飯田市

なまはげ

（秋田）南秋田郡八郎潟町

上見れば

（秋　田）

春

右／**水道橋駿河台　鯉幟**
歌川広重画　名所江戸百景
『広重名所江戸百景』　岩波書店

端午の節句に男の子の健全な成長と出世を願って、武家では兜や薙刀、毛槍、幟、吹き流しなどを家の前に立てて祝う習わしとなっていた。町人も敗けじと、滝をも登る出世魚とされる鯉を幟とし、始めは小さかったが、だんだんに大きいものを空高く揚げるようになった。広重はそれをみごとに力強く描き上げている。

左／**端午の菖蒲打ち**　鮮斎永濯画
『江戸年中行事図絵』

中扉／**灌仏会**　鮮斎永濯画
『江戸年中行事図絵』

灌仏会は四月八日のお釈迦様の誕生を祝うお祭り。花で飾った花御堂《はなみどう》に水盤をおき、幼い釈尊の像「誕生仏」を安置し、天からの甘露として甘茶を像にそそぐ。そのありがたい甘茶を持ち帰る人々のため、子どもたちは竹筒に甘茶を汲み手渡す奉仕をする。

上下／子どもたちの外遊び（一）　松本洗耳画　『東京風俗志』（明治）

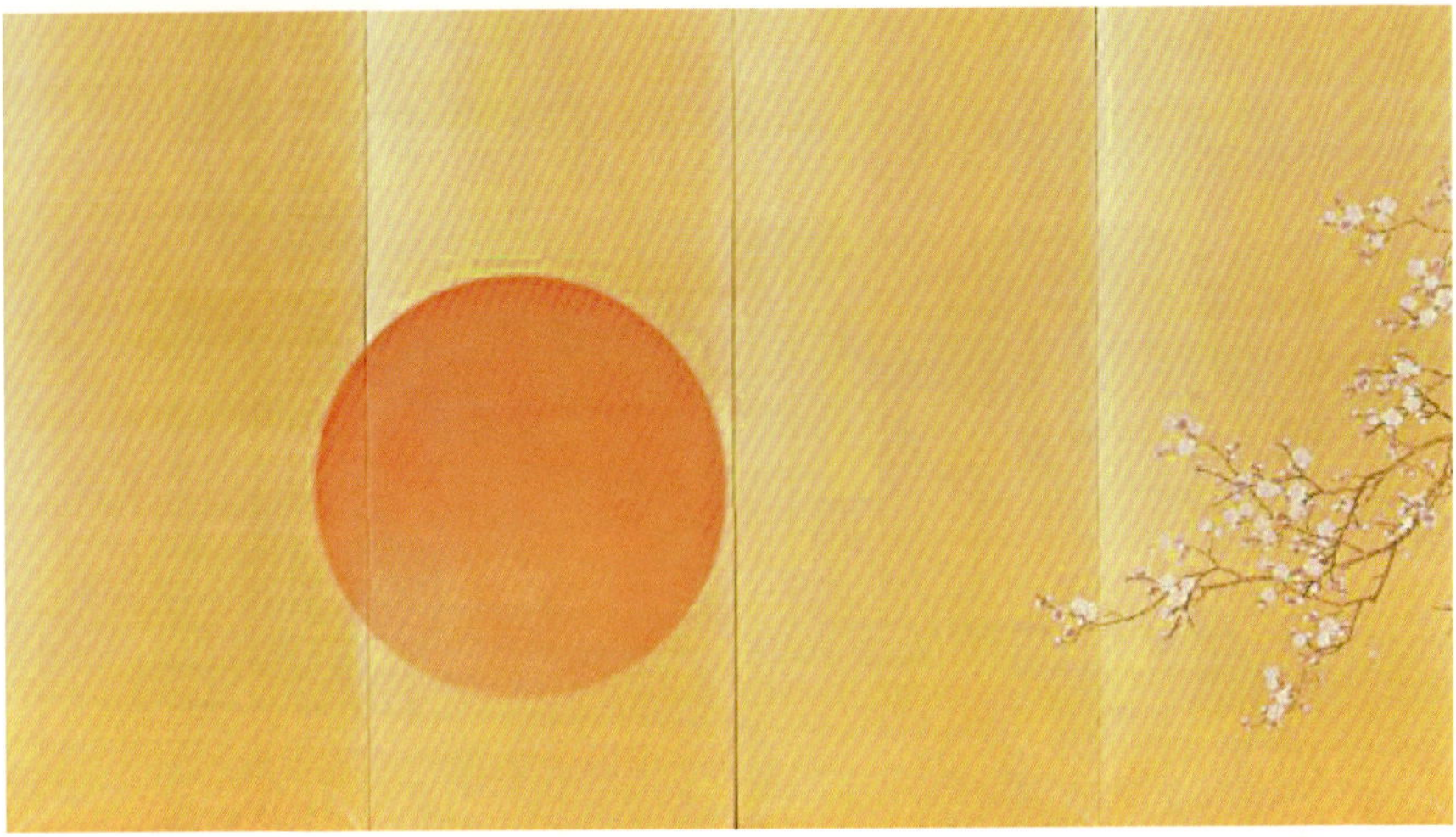

梅開く　（部分）下村観山画　日本の名画808

春の絵暦・うたごよみの巻

太陽マジックのうた

東北の遅い春にようやく燦然と輝き出す太陽の光。まさにいのちの源、生命の根源、まして農民にとって死活にかかわる最大の関心事〈お天道様〉の復活こそ、みずからの生命の復活・再生を意味する。「雨ニモマケズ風ニモマケズ　雪ニモ夏ノ暑サニモマケヌ」気迫と祈りの宮澤賢治にとっても、待ちに待った春。今農学校の生徒たちとともに肥桶をかつぎ声高らかにうたうのは、「光炎菩薩・太陽マジックのうた」なのだ。

太陽マジックのうたはもう青ぞらいっぱい、ひっきりなしにごうごうごうごうごう鳴っています。

（五線譜で）コロナは七十六万二百　コロナは
七十六万二百（中略）
（コロナは六十三万二百　ああきれいだ、まるで
まっ赤な花火のようだよ。）　（楽譜102頁）
それはリシウムの紅焔《こうえん》でしょう。ほんとうに光炎菩薩太陽マジックの歌はそらにも地面にもちからいっぱい、日光の小さな小さな菫《すみれ》や橙《だいだい》や赤の波といっしょに一生けん命に鳴っています。

（宮澤賢治「イーハトーボ農学校の春」より）

二〇二〇年以来、新型コロナ禍に見舞われ、ウイルスが今なお次々と形や性質を変えて人類をおびやかし続ける昨今にあっては、この歌は日々の警告ともうけとられよう。しかし賢治たちのうたうコロナは、まさに真逆の、人類を救う太陽の無限のエネルギーへの讃歌、象徴としてのコロナ。音もない光に対する「ごうごうごうごう」と鳴る、といった賢治独特の表現にも、お天道様への深く強い崇敬と感謝・喜びの心が秘められている。

この短い童話のなかに「太陽マジックのうた」を賢治は五線譜で十四回も書き（貼り）、世界の童話でも類を見ない手法をもちいた。さらにその音調たるや農民はもちろん、日本人すべてが心の奥に共有する〈わらべうた・子守唄〉の音調である。「かくれんぼするものよっといで」と同じ単純素朴な旋律。それは広く日本民謡全般に通ずる根幹の音調、いわば〈言霊《ことだま》・歌霊《うただま》〉にひとしい。その精神は、同じく賢治の「牧歌」や「剣舞の歌」（童話「種山ヶ原」や詩「原体剣舞連」）にもうけつがれていく。（尾原昭夫編著『賢治童話の歌をうたう』参照）

春の摘み草

つくしはつんつん出るもんだ
わらびは笑って出るもんだ
きのこは木の下へ出るもんだ
しょうろはしょろっと出るもんだ

千葉わらべうた（楽譜102頁）

野遊び（摘み草）　宮川春汀画　筆者蔵

春の野山で子どもたちがツクシ・ワラビ・きのこなどを探し、採りながらうたう。「しょうろ」松露は春、松林に生える白く球状のきのこ。生で吸い物などに入れる。「松露、松露、出えさっせ、お彼岸詣りに出えさっせ、頭すって子連れて、お彼岸詣りに出えさっせ。（愛知）」などともうたう。

ばっけーばっけー　ほぎろ
日向のばっけに　負げんな

宮城わらべうた

「ばっけ」はフキノトウ、「ほぎろ」は新芽を出せの意の方言。早春、フキノトウに早く芽を出すように呼びかける。

摘み草　鮮斎永濯画　『温故年中行事』

いった阿母《あんま》まーかいが
べーべーぬ草刈いが
べーべーぬ甘草《まさくさ》や
畑《はーる》ぬ若かんだ

（意訳）
お前のお母さんどこ行った
山羊のまぐさ刈りに
山羊の好きなのは
畑の若かずら

沖縄子守唄（楽譜106頁）

桃の節句　雛祭り

「上巳《じょうし》」は「上巳の祓《はら》い」といって、人形《ひとがた》に身体のけがれを移し海や川に流して災厄を祓う行事で、鳥取などに残る〈流し雛〉の風習が今もその名残りをとどめている。

ひいな祭り　西川祐信画
『絵本大和童』

三月三日は「女の節句」で、女たちが山行きとか磯遊びなどといい、野外に出て飯を炊き共に食事をする風習が各地に残っている。それもこの日が祓いに出る日で家にいてはならぬとされていたからと考えられている。次にあげるのは千葉県房総半島の雛送りのうた。

お雛《ひいな》さまよ
来年ごじゃれ　春の花見にごじゃれ
赤いべべ着せて　白いべべ着せて
ポテポテ餅ついてあげろ

千葉わらべうた（楽譜105頁）

上巳　鮮斎永濯画
『温故年中行事』

さくらさくら

さくら　さくら
弥生《やよい》の空は　見渡すかぎり
梅にはうぐいす　ホーホケキョ

東京わらべうた（楽譜105頁）

春の阿多古山　東京拾二題
川瀬巴水画　日本の名画808

梅に鶯　小原古邨画
日本の名画808

日本を代表する歌として世界に知られる「さくら」に、梅とウグイスをうたいこんだ〈くぐり遊び〉の唄。遊び方は「天神さまの細道」（通りゃんせ）と同じ。類歌に「さくら、さくら、弥生の空をば見渡すかぎり、いざや、いざや、もろともに、地獄極楽閻魔さんの前で、褒められた（叱られた）。（愛知）」など。

春の到来を喜ぶのは小鳥たちも同じ。木々につどい、声を限りに春の唄を競い合う。そのにぎやかなこと。

鳩ととんびと　きじとつばめとうぐいすと
かりがねの鳴き声は　かりがねの鳴き声は
ピーピ　ピーヒョロリンケン　クークク
ピーヒョロリンケン
ケンとケンチャクチャクと
チャーチクツングルリンと　ホーホケキョ
イッチンニッチン　トッチントンチャク
ツングリマングリホー　ホホー

宮崎わらべうた（楽譜106頁）

入学式

入学式　少女年中行事双六
筆者蔵

唱歌　宮川春汀画　筆者蔵

灌仏会　花祭り

灌仏会　風俗十二月　筆者蔵

灌仏会　鮮斎永濯画
『温故年中行事』

陰暦四月八日はお釈迦様の誕生日。お寺の花御堂《はなみどう》に安置された誕生仏の像に香水や甘茶を注ぎかける法会が行われ、一般に「花祭り」として親しまれている。釈尊誕生の際に天から竜王（帝釈天とも）が舞い降りて甘露を注いだという故事にちなむ。ここでは子どもたちが大活躍をする。めいめい参詣者から受け取った竹筒に甘茶を汲みつぎつぎに手渡すのがまたたいへんな大忙しなのだ。私のふるさとの田舎町では、子どもたちが花で飾った大きな白象を引く稚児行列も行っていたのがなつかしく目に浮かぶ。

江戸砂子年中行事　端午之図（部分）　楊洲周延画　筆者蔵

端午　菖蒲《あやめ》の節句

「上巳《じょうし》」の女の節句に対し、陰暦五月五日の「端午《たんご》」（「初めの午の日」が本来の意）は男子の節句とされ、菖蒲や蓬《よもぎ》を軒にさし、粽《ちまき》や柏餅を食べて邪気を払う。男の子のすこやかな成長を祈って鯉幟《こいのぼり》を揚げ甲冑や刀・武者人形などを飾る。また菖蒲湯も心温まる習慣として今も行われる。

灌仏会　長谷川雪旦画　『東都歳事記』

五月の節句は　菖蒲切りがはやる

新潟わらべうた

「菖蒲切り」というのは、男の子たちが菖蒲の葉を束ねて作った菖蒲刀で切りあう遊び。昔は「菖蒲打ち」といって菖蒲を棒状に編んでたがいに地面をたたき、音の大きさを競い、また先に切れた方を負けとするなどして遊んだ。さらに「印地打ち」といって集団で盛大に石合戦をしたり、本物の刀に似せた「菖蒲刀」で「いくさごっこ」なども行った。

菖蒲刀売り　長谷川雪旦画　『東都歳事記』

天神様の細道

ここはどこの細道じゃ　細道じゃ
天神さんの細道じゃ　細道じゃ
ちっと通してくだされ　くださんせ
ご用のないもな通されぬ　通されぬ
天神様へ願かけに　願かけに
通りゃんせ　通りゃんせ
往きはよいよい　帰りはこわい

明治　東京わらべうた

亀井戸　吉田博画　東京拾二題
日本の名画808

潮干狩り　宮川春汀画
子供風俗　筆者蔵

潮干狩り　鮮斎永濯画
『温故年中行事』

潮干狩り　長谷川雪旦画　『江戸名所図会』

風流古今十二月「弥生」　歌川国貞画　筆者蔵

雛人形の巻

人形《ひとがた》と子守埴輪

人形は「ひとがた」とも読む。私の郷里出雲では、神社の祭礼が近づくと、家々に「ひとがた」が配られ、頭と手と胴体とを単純化して切り抜かれた抽象的な形の紙製の人形を家中の者がいただき、体じゅうを撫でて、病魔や災厄を払う「祓い」の行事をまじめに行った。すると、何か大きな力が働いて体じゅうが浄められ、清らかですっきりした気持ちになったものである。

そうした日本の古くからの伝統が、やがて長い間の時代の移り変わりによって、今の華やかな雛人形になったことを考えるとき、その時代時代の人々の願いや祈りや創造力が、いかに文化を築く原動力となってきたか考えさせられる。

いわゆる「ひいなあそび」は源氏物語などにも見えて、平安時代からのならわしであることがわかるが、もっとさかのぼれば、縄文時代や古墳時代の土偶や埴輪にも想いははせていく。私の手もとにある埴輪のレプリカは、背に赤ん坊をおんぶした「子守りする女」（栃木県真岡市京泉、鶏塚古墳出土）の埴輪であるが、それを見ていると、それは埴輪というより、まさに生きた人形を思わせ、その女性の表情は、今にも子守唄が聞こえてくるといった錯覚を覚えさせるのだ。

子守りする女
埴輪レプリカ　筆者蔵

本来死者を葬り、供養し慰霊する意味の埴輪であろうけれども、子を背負う女性のわが子への深い愛情と、子のすこやかな成長、無事の成人を祈る温かい心情が、逆に死者からの願いとしても反映し流動し、それが時空を超えて数千年を経た現代にまで生き続けているのではないか、さらには、それが人類共通の、いや、生きとし生けるものすべての願い、祈りであることを訴えているのではないか、そうしたはかり知れない力を秘めた傑作として、私はこの埴輪を見るたびに感銘を深くするのである。

天児と這子　犬張子

前述の「ひとがた」は、めいめいの穢れや災厄を身代わりとなって受け取る「形代《かたしろ》」であるので、それを川や海などに流す行事が行われた。今も残る鳥取の〈流し雛〉がよく知られている。小さな男女一対の紙雛を、旧暦三月三日の節句に桟俵にのせて川に流す。

しかし、赤ん坊や幼い子どもが病気にかかりやすいのは今でも親の一番の心配の種である。まして医学の進んでいない昔の人々は、大切なわが子の無病息災を祈る気持ちは今よりはるかに強かったのであろうから、形代を節句に流すだけでは気がすまなかった。毎日幼児の傍らに形代を置かなくては安らかではおられない。そこでアマガツ（天児）やホウコ（這子・御伽這子）が枕元に置かれ、お守りとして犬張子も置かれることとなった。江戸後期刊『ひな人形の故実』に、それらにつき次のように記す。

鳥取の流し雛　筆者蔵

天児　この人形を作るに次第あり、寸法あり。頭はぬれ絹にて、十二のひだある衣裳を着することあり。白小袖両になしたて、模様は鶴亀、松竹梅なり。

御伽這子　これは天児をやつして作りたるものなり。嫁入り、乗り物の前に立つる。衣裳あまがつに同じ。

犬張子　宿直《とのい》の犬ともいう。嫁入り手道具のうち右に置く。男は左向きを用ゆ。これに守り納むるなり。女は右ごとを用い、櫛・かんざし、化粧の品を入れおく。

御伽這子と犬張子
清水晴風画　『うなゐの友』

岐阜県高山市の猿ぼぼ
筆者蔵

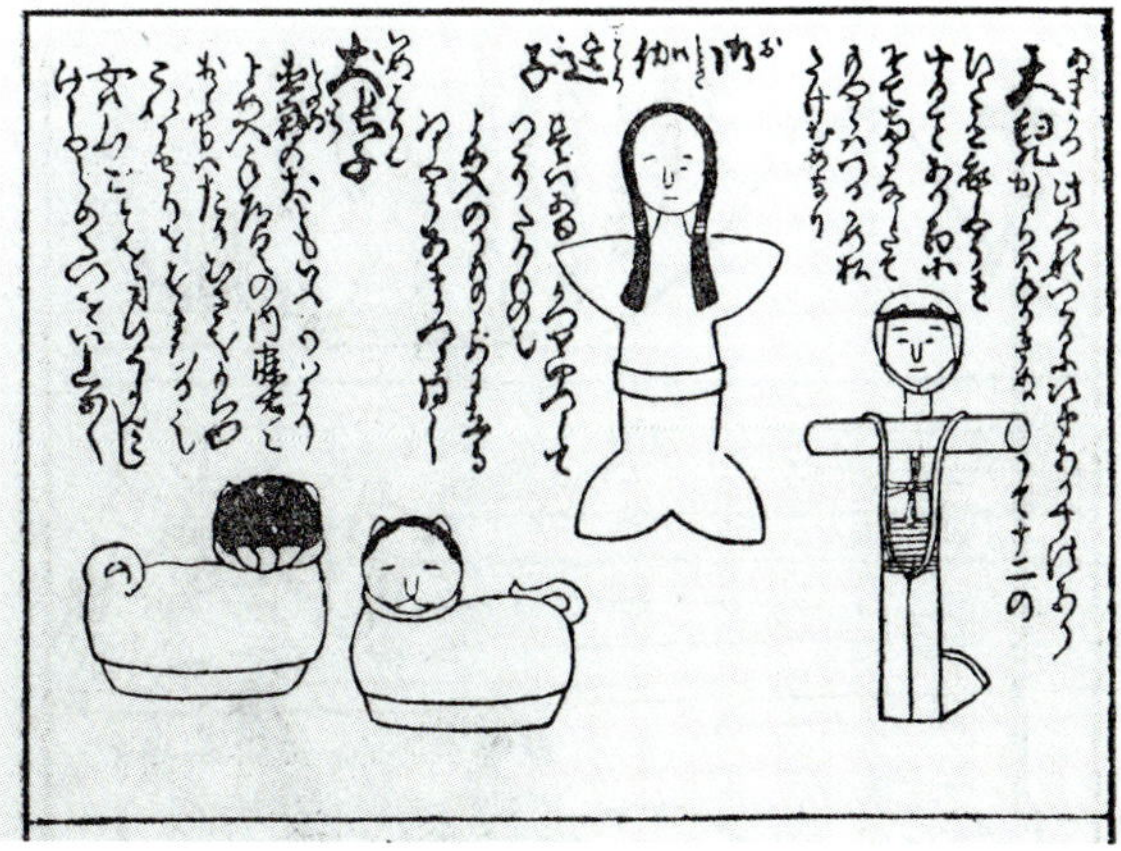

天児・御伽這子・犬張子　画者不詳
『ひな人形の故実』

『うなゐの友』には「おとぎ這子、あまがつともいふ」とあって、天児と御伽這子を同一視しているように、両者は混同されていることがわかる。要するに、形代としての「ひとがた」を、一時的な紙製のものでなく、常時幼児の傍らに置いて、幼児に代わって病魔を吸い取り肩代わりする役目を担わせる人形であったのである。それは宮中においても行われ、陰陽頭《おんみょうのかみ》から人形を奉り、女官がそれに衣を着せて一夜御枕もとにおき、翌朝陰陽頭にもどすといった風であった。それが貴族の間でも行われ、徐々に庶民にも広まったと考えられる。犬張子も今とは大いに違うもので、最初のころは箱形で、中にお守りを入れたり、櫛かんざしなどを入れたりするものであったのが、だんだんに本来の犬の形に変わり、さらに今見るような独特の愛嬌のある造形に進化していく。ちなみに、私が愛蔵する写真の犬張子は、でんでん太鼓を背負っている。まさに江戸子守唄にうたわれるとおり。

犬張子　北尾重政画『絵本世都濃登起』

犬張子　清水晴風画『うなゐの友』

ねんねんころりよ　おころりよ

坊やはよい子だ　ねんねしな
ねんねのお守は　どこへいた
あの山こえて　里へいた
里のおみやに　何もろた
でんでん太鼓に　笙の笛
起き上がり小法師に　犬張子
（振り鼓トモ）

ここで「でんでん太鼓」というのは、ご存知の通り普通は小さな張子の単体の太鼓で、柄の先につけた紐に玉がついていて、柄を振ると玉が鼓面を打つ仕掛けの玩具をいうが、この犬張子の背負っているのは「振り鼓」で、本来は〈雅楽〉で用いる中国伝来のれっきとした楽器を模したもの。小型の太鼓が二つ直角に柄を貫き、同様に紐に結んだ玉が鼓面を打つ。今もじっさいに舞楽「一曲」や「行道」で用いられる。子守唄ででんでん太鼓と振り鼓が重ねてうたわれるのも、それが似ていても別のものであることで納得がいくのである。

江戸・東京の犬張子　筆者蔵

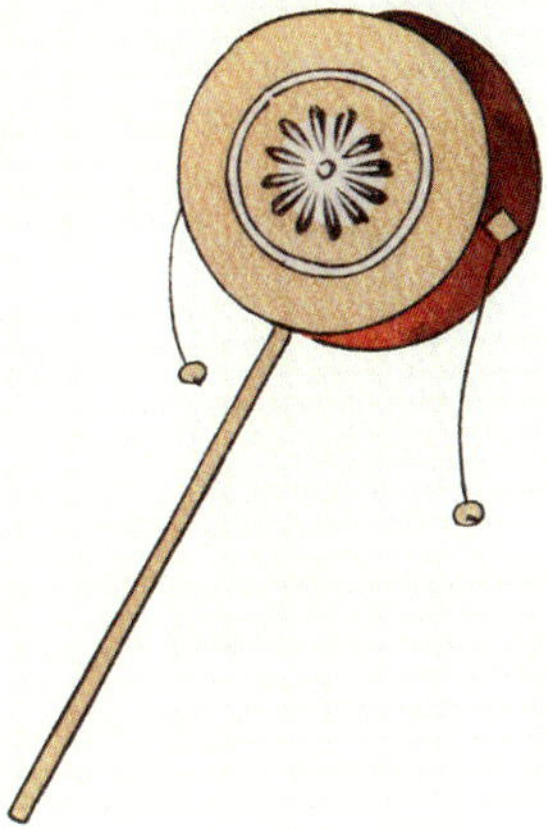
でんでん太鼓　北尾重政画
『江都二色』　江戸後期

紙雛から内裏雛へ

桃の節句には今ほとんどが内裏雛を飾るから、なにも説明はいらないので、近世初頭の雛段のない単純な飾りから、だんだんに段数も増え豪華に変容していく雛飾りの様子を、「百聞は一見にしかず」、代表的な絵を並べて感得していただきたいと思う。

寛文頃の雛飾り　画者不詳　古図

江戸中期の雛飾り　石川豊雅画
『風流十二月』

享保頃の雛飾り　西川祐信画
『絵本大和童』

明治の雛飾り　「江戸砂子年中行事　上巳之図」　楊洲周延画　筆者蔵

雛祭りのわらべうた

終わりに拙著『日本のわらべうた　歳事・季節歌編』から、雛祭りのわらべうたを紹介しておく。

雛さま見せてくれ
おぞても褒めるに

岐阜県高山市

家々に飾られたお雛さまを、子どもたちが見に歩くときにうたう〈雛見〉のうた。「おぞても」は方言で「粗末でも」の意。

お雛さまよ　来年ごじゃれ
春の花見に　ごじゃれ
赤いべべ着せて　白いべべ着せて
ポテポテ　餅ついてあげろ

千葉県長生郡長南町（楽譜105頁）

この地方で〈雛呼び〉〈花見〉などと呼ばれる三月三日の雛を送るときのうた。この日子どもたちは地区ごとに集まり、めいめい重箱に寿司や赤飯、餅、あられなどを詰め、お雛さまそのほかの人形を持って小高い山に登る。少し高めの所に人形を飾り、むしろを敷いて座り、歌をうたったり、ご馳走を食べたりして楽しく過ごす。雛祭りの楽しみとともに、来年三月までの人形たちへの名残りを惜しむ子どもたちの気持ちが胸を打つ。

伊豆の春　撮影　筆者

「春が来た」唱歌の巻

春を迎えるよろこび

暗く寒い冬が遠ざかり、明るく暖かい春がやって来るよろこびは大きい。冷たい北風、行く道をさまたげ、車を滑らせ、雪下ろしや雪かきの過重労働を強いる雪とのたたかいに明け暮れる日々から、太陽がぐんぐん力と輝きを増し、ツクシもフキノトウも、スイセンもツバキもサクラもモモも、次から次へときそいあって生命をふくらませる春へ。小鳥はさえずり空に舞い、人も新たな希望に胸がときめく。

学校の窓からは「春が来た」「春の小川」「おぼろ月夜」などの清らかな歌声が流れる。日本人なら誰しもうたいたくなるこれらの唱歌は、じつはもう百年以上も前

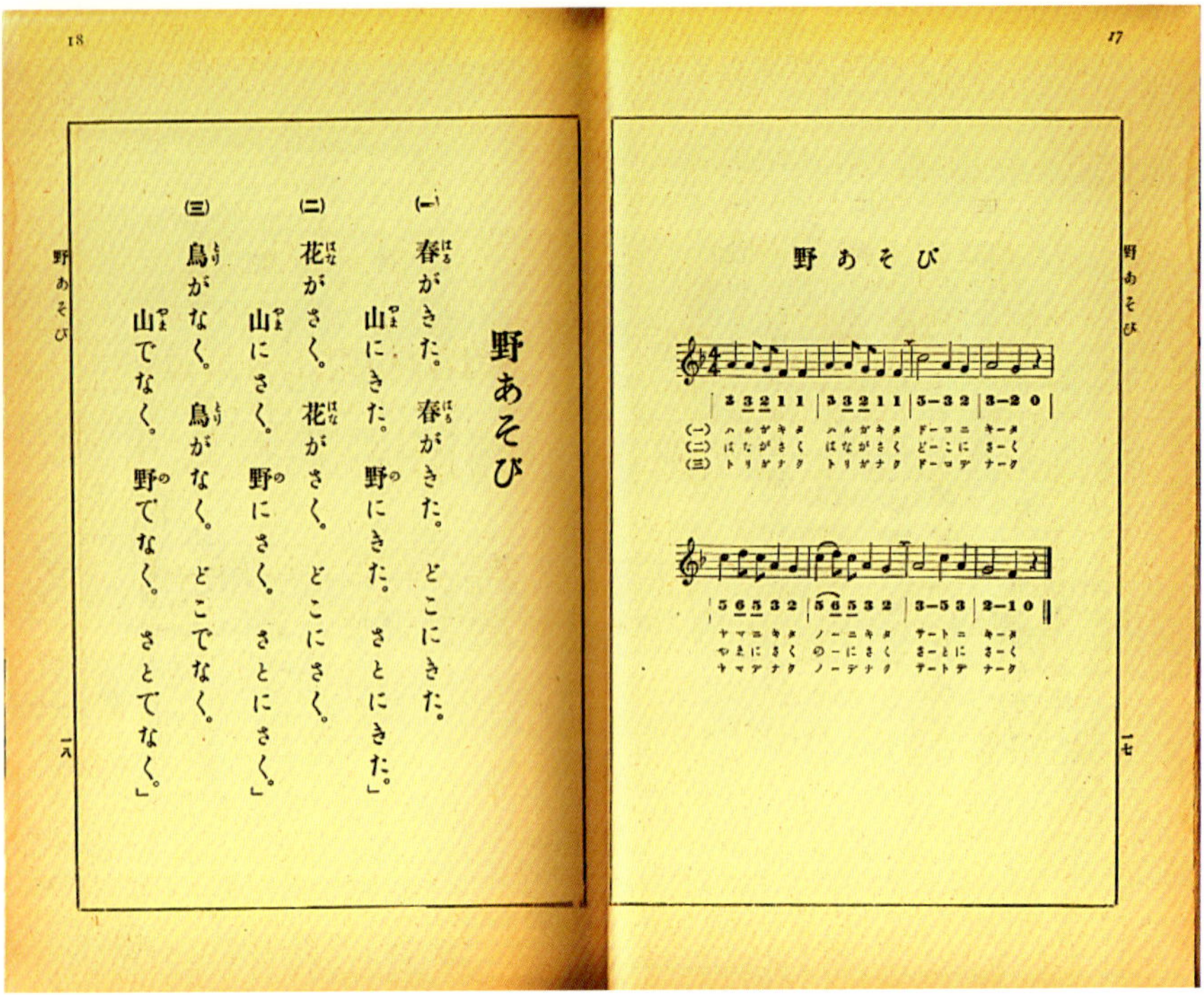
18
野あそび

(一) 春《はる》がきた。春《はる》がきた。どこにきた。
山《やま》にきた。野《の》にきた。さとにきた。」
(二) 花《はな》がさく。花《はな》がさく。どこにさく。
山《やま》にさく。野《の》にさく。さとにさく。」
(三) 鳥《とり》がなく。鳥《とり》がなく。どこでなく。
山《やま》でなく。野《の》でなく。さとでなく。」

一八

17
野あそび
一七

野あそび　『新編教育唱歌集　第一集』開成館　明治29年（1896）

に偉大な明治人の努力によって創りあげられた子どものための新しい音楽文化であることをつよく思う。今みんながうたっている「春が来た」は、もちろん小学校で習った「唱歌」や「音楽」の教科書に載っている歌であるが、私の収集する明治以来の唱歌教科書のなかに、歌詞はほぼ同じでもそれとは別の旋律もあったことを示していて驚かされる。開成館が明治二九年（一八九六）に発行した『新編教育唱歌集第一集』「野あそび」である。

一　春がきた。春がきた。どこにきた。
　　山にきた。野にきた。さとにきた。
二　花がさく。花がさく。どこにさく。
　　山にさく。野にさく。さとにさく。
三　鳥がなく。鳥がなく。どこでなく。
　　山でなく。野でなく。さとでなく。

文部省発行の国定教科書に「春が来た」が初

春が来た　『尋常小学読本唱歌』文部省　明治43年（1910）

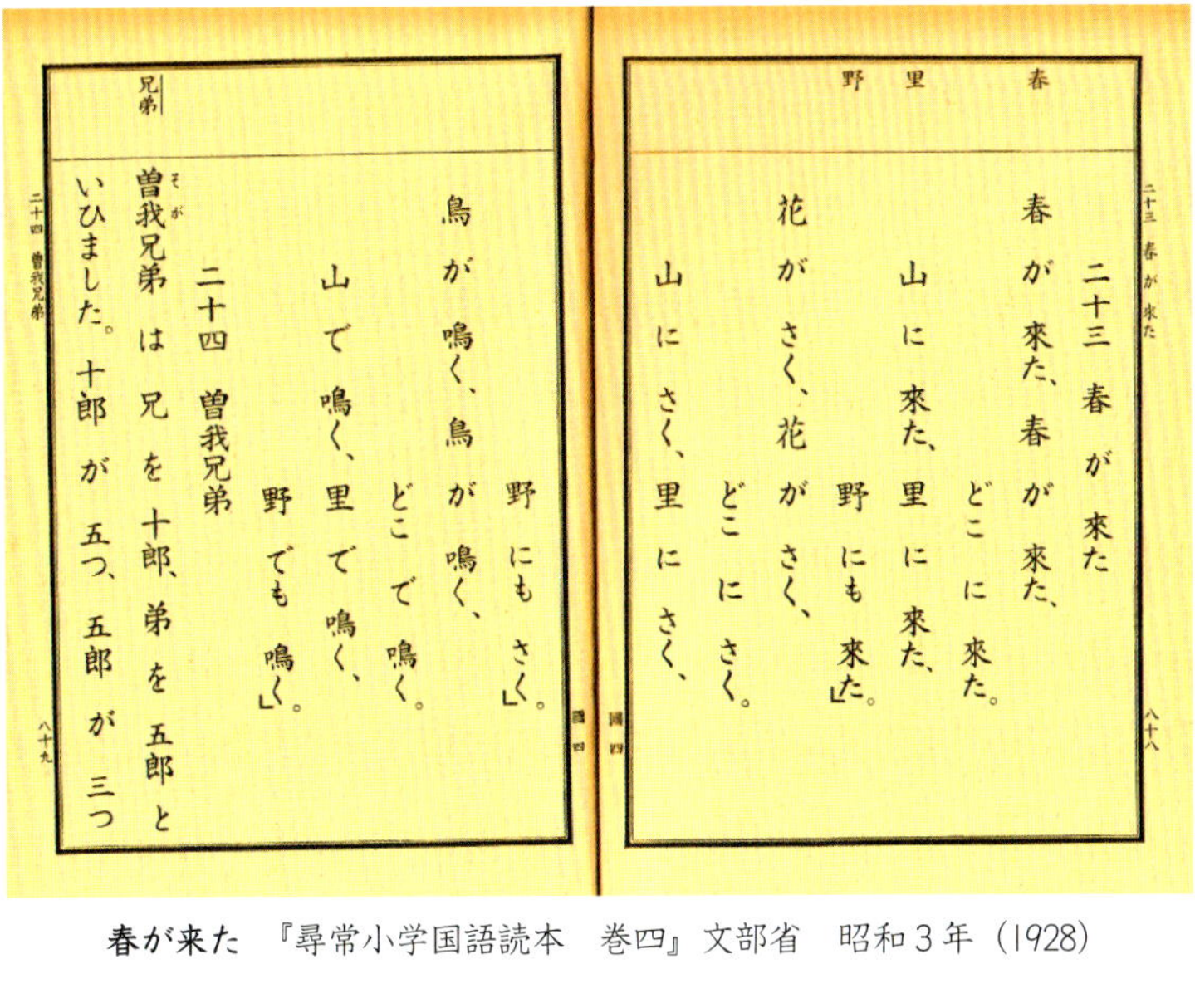

春　里　野

二十三　春が來た

春が來た、春が來た、
どこに來た。
山に來た、里に來た、
野にも來た。

花がさく、花がさく、
どこにさく。
山にさく、里にさく、
野にもさく。

鳥が鳴く、鳥が鳴く、
どこで鳴く。
山で鳴く、里で鳴く、
野でも鳴く。

兄弟

二十四　曾我兄弟

曾我《そが》兄弟は兄を十郎、弟を五郎といひました。十郎が五つ、五郎が三つ

春が来た　『尋常小学国語読本　巻四』文部省　昭和３年（1928）

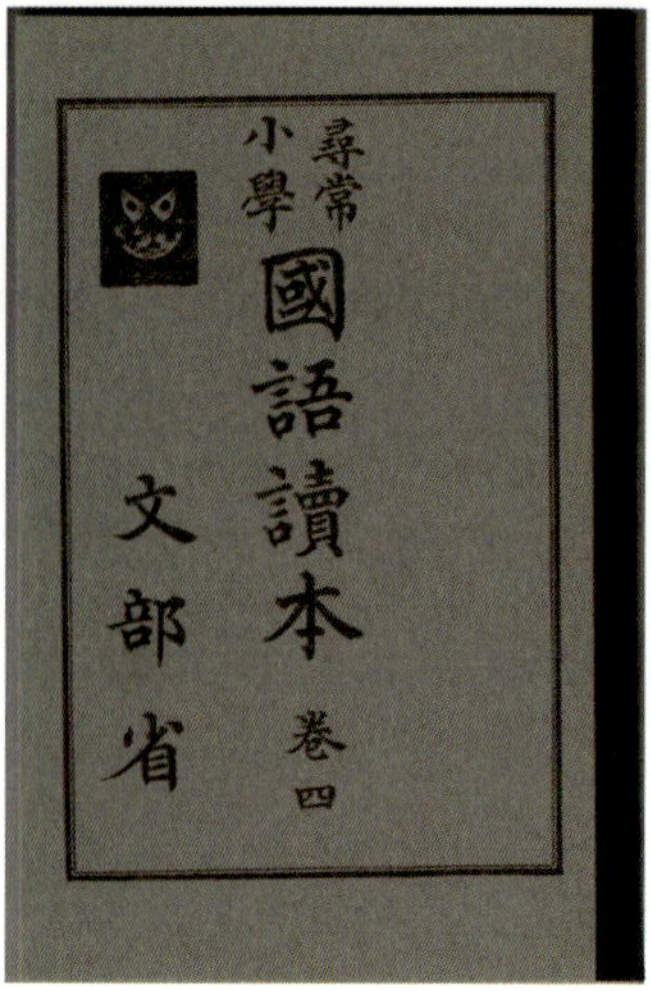

『尋常小学国語読本　巻四』
文部省

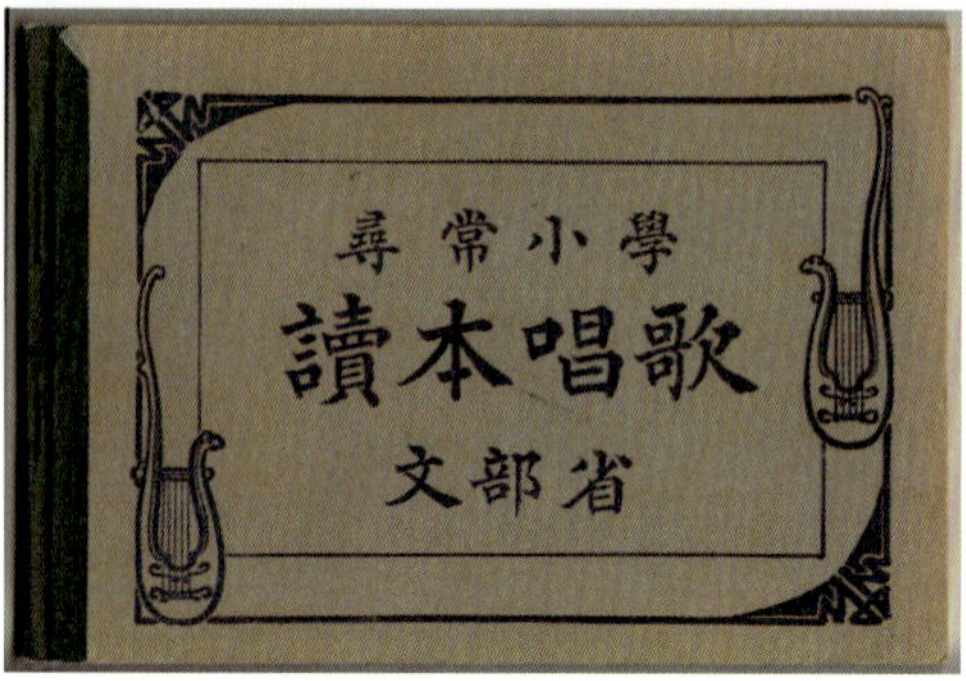

『尋常小学読本唱歌』文部省
明治43年（1910）

めて載ったのは、それより十四年後の明治四三年（一九一〇）の『尋常小学読本巻五』、つまり尋常小学校三年生の国語の教科書で、同じ年にやはり文部省が発行した『尋常小学読本唱歌』に国語教科書に連動する形で、読本の歌詞に新たに曲をつけた楽譜が載った。それが連綿として今にうたいつがれてきたわけであるが、その国語科と唱歌科が連携するという画期的な編集、つまり国語では「詩として読み」、唱歌では「歌として歌う」という有機的関係が成り立っていたことは注目にあたいする。

開成館の「野あそび」では歌詞にわずかの違いがあるから、その間に歌詞の修訂が行われ、曲は「見わたせば」（のちの「むすんでひらいて」）と似た旋律で始まり、後半に「春が来た」と似た部分もあるにせよ、まったく別ものなのだ。作詞者は高野辰之、前者の作曲者は未詳、後者の作曲は岡野貞一である。高野辰之は長野県出身の国文学者で、東京音楽学校教授などをつとめ、『日本歌謡史』の大著や『日本歌謡集成』の編集そのほかの大業を成し遂げる一方で、国民的愛唱歌として今も

春が来た　『うたのほん下』文部省　昭和16年（1941）

健在の「故郷」「春が来た」「春の小川」「おぼろ月夜」などの作詞もした偉大な人である。また今あげた例すべての作曲は鳥取県出身の岡野貞一で、東京音楽学校教授、文部省尋常小学唱歌編纂委員などをつとめたクリスチャンである。

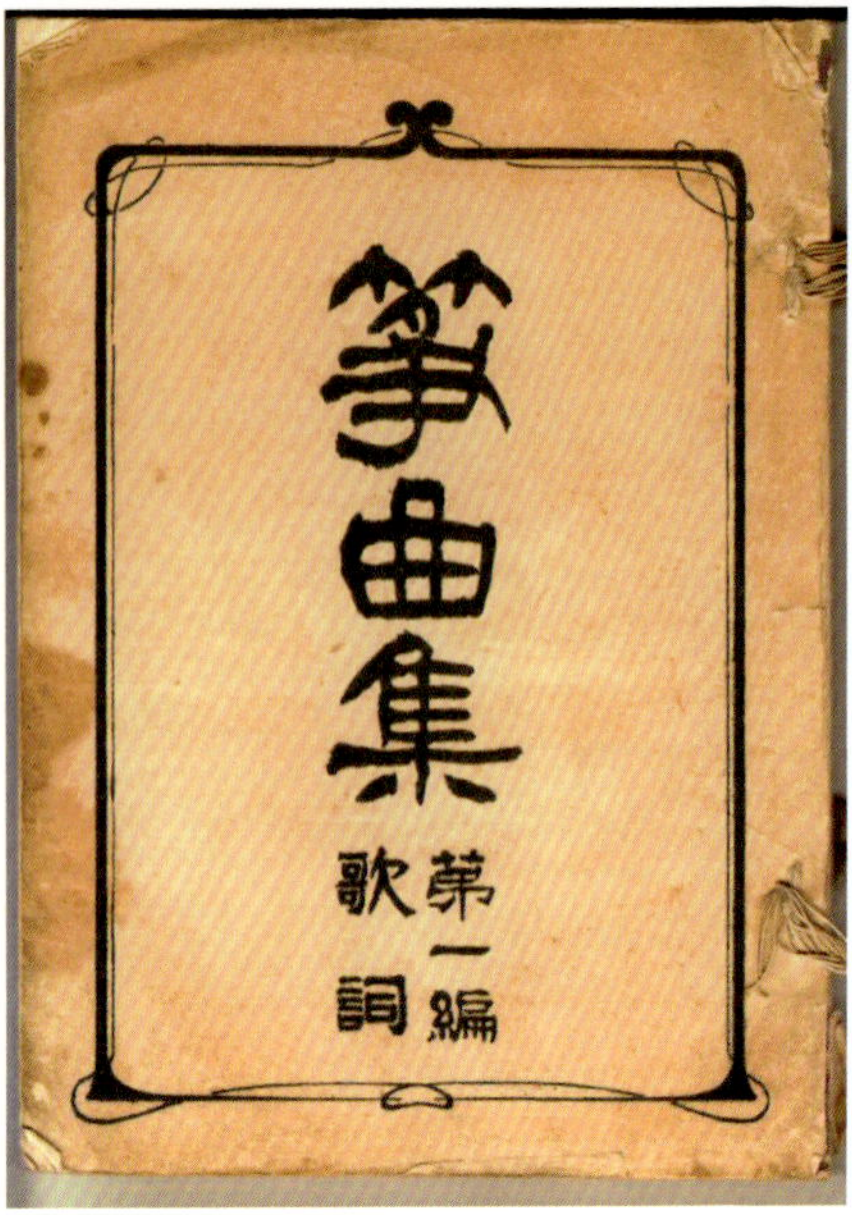

左久良　『箏曲集第一編』東京音楽学校　大正３年（1914）

さくら　さくら

筆者が中国へ行ったとき、現地の箏で演奏してくれた最初の曲が「さくら」であったし、諸外国の合唱団がアンコールにうたうのも多く「さくら」である。本居宣長の「敷島の大和心を人問はば　朝日に匂ふ山桜花」をひきあいにださずとも、富士山とともに桜ほどに日本を象徴するにふさわしいものはほかにない。さらに、短いけれどその旋律も最初の一節を耳にするだけで胸をうつ、まさにすばらしい日本の代表曲である。

「さくら」はもとは箏の初歩曲として「姫松小松」などとともに江戸時代から箏を習う子女にうたわれていた歌とされる。それを二重奏の形で五線譜にのせ最初に収載したのは東京音楽学校編『箏曲集第一編』で、大正三年（一九一四）の発行である。

桜さくら、弥生の空は、
見渡すかぎり、

-9-

二　さくら　さくら

さくら　さくら、
野山も、里も、
見わたす　かぎり、
かすみか、雲か、
朝日に　にほふ。
さくら　さくら、
花ざかり。

さくらさくら　『うたのほん下』文部省　昭和16年（1941）

霞か雲か　にほひぞいづる、
いざやいざや　見にゆかむ。

『箏曲集第一編』東京音楽学校編　大正三年（一九一四）

さくら　さくら、　野山も、里も、
見わたす　かぎり、
かすみか、雲か、　朝日に　にほふ。
さくら　さくら　花ざかり。

『うたのほん下』文部省　昭和一六年（一九四一）

このように「さくらさくら」が最初に小学校教科書にのったのは昭和一六年（一九四一）の『うたのほん下』で、第二次大戦開戦が迫る時代を反映し小学校は国民学校に改称、教科も視野をひろげ「唱歌」から「音楽」に変わった時代であった。なお、「さくら」には山田耕筰のピアノ伴奏による不朽の名編曲があることもつけくわえておきたい。

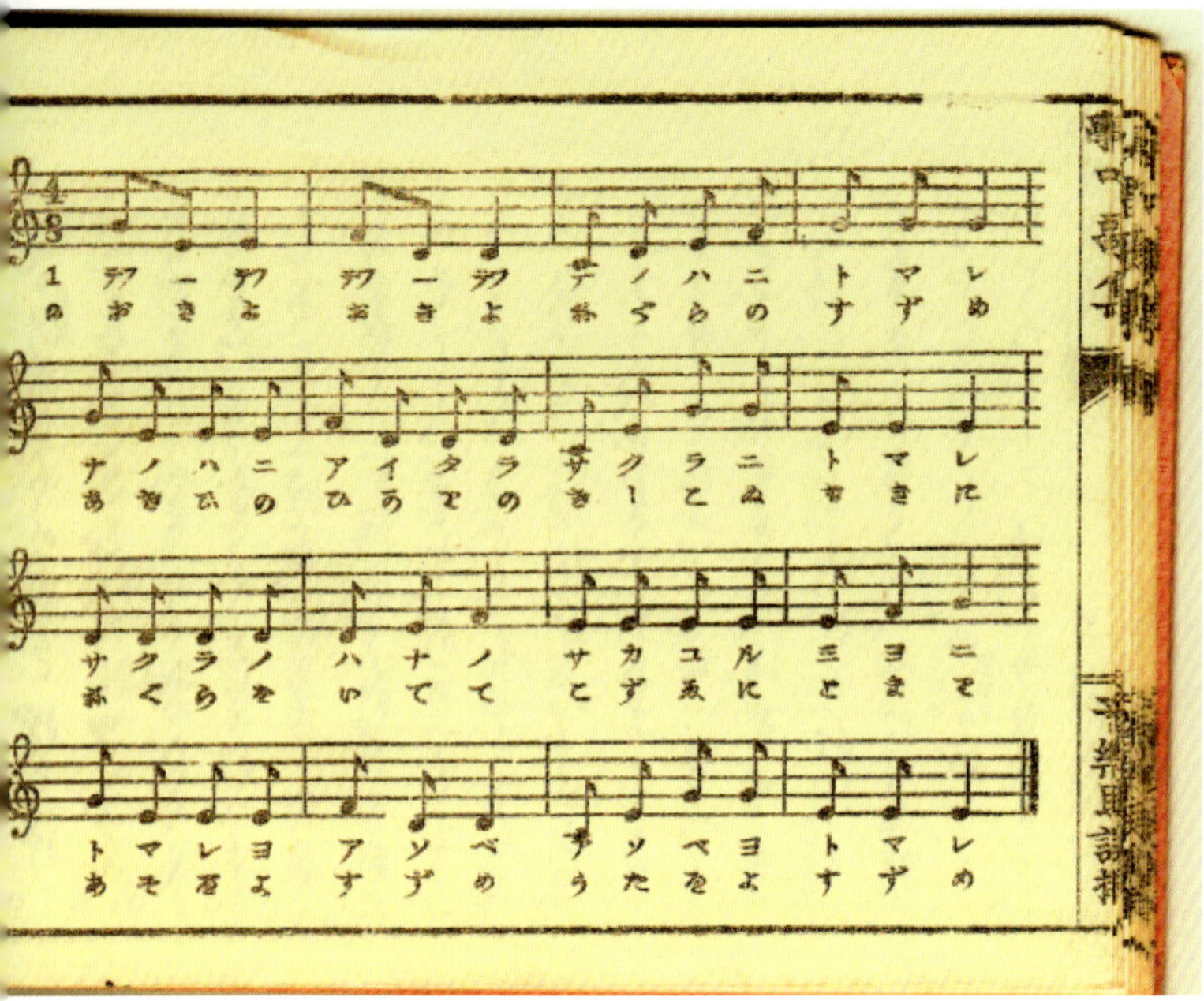

蝶々　『小学唱歌集初編』文部省　明治14年（1881）

「てふてふ」蝶々ちょうちょう

幼稚園や小学校低学年で誰もがうたい踊った記憶のある「ちょうちょう」の歌。この歌が最初にのったのは『小学唱歌集初編』である。図版に示すように、幼い子ども向けの教科書でも、とてもむずかしい文字であった。

てふてふ　てふてふ。菜のはにとまれ。
なのはにあいたら。桜にとまれ。
桜の花の。さかゆる御代に。
とまれよあそべ。あそべよとまれ。

『小学唱歌集初編』文部省　明治一四年（一八八一）

曲はおそらく伊沢修二がアメリカ留学中に音楽教育家メーソンほかから収集した多くの外国曲のなかの一曲で、スペイン民謡である。金田一春彦氏によれば初めは「ボートの歌」であったという。ここではハ長調で、明

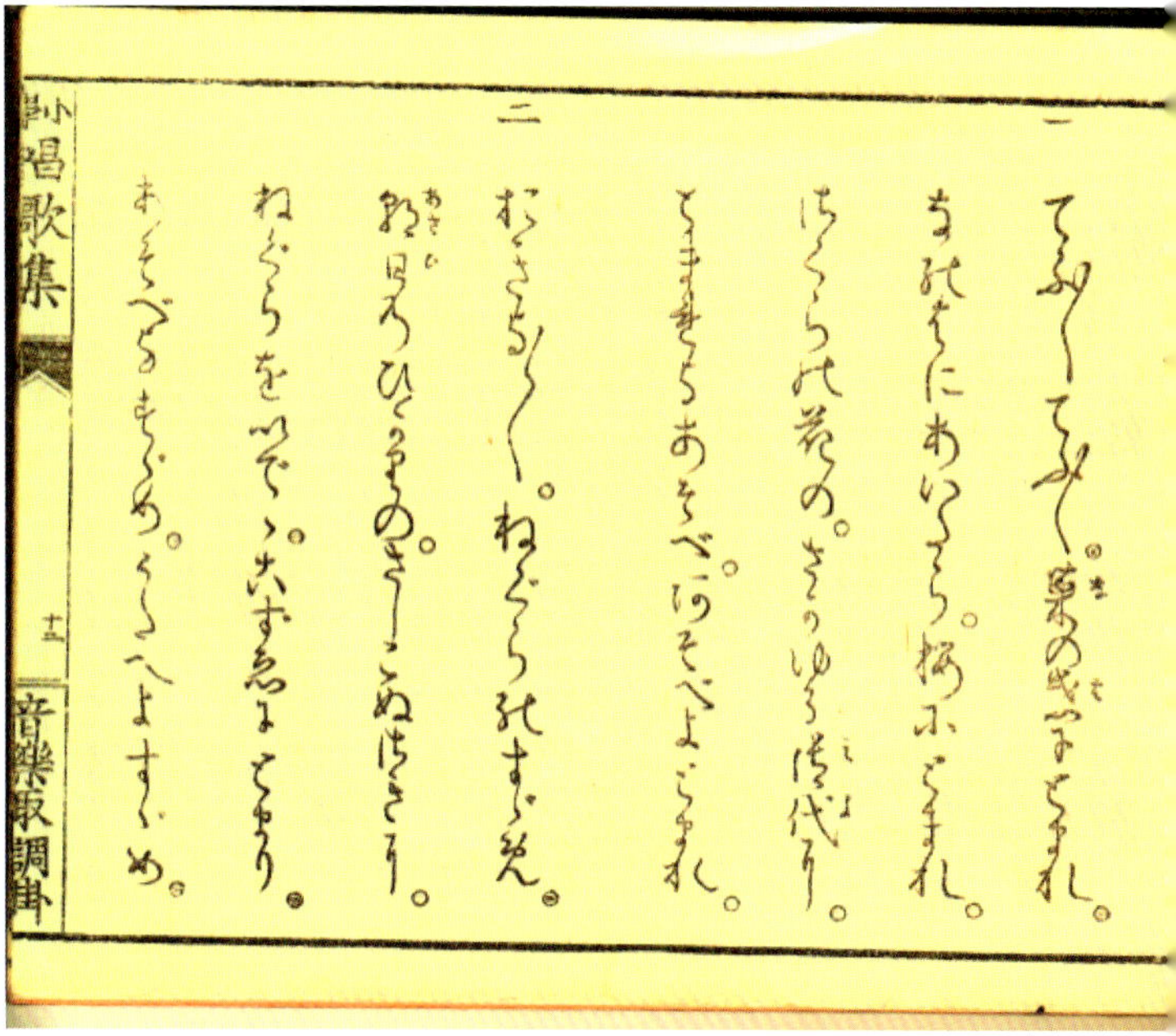

治二〇年（一八八七）の『幼稚園唱歌集』ではト長調、明治二九年（一八九六）の『新編教育唱歌集』ではニ長調と、調を変えてあいついで採用されている。作詞は一番が野村秋足で、本居宣長の孫弟子にあたるという国学者である。

金田一氏はその歌詞について『「菜の葉にとまれ」は「菜の花にとまれ」とありたいところ。拍数の加減でこうなったが、卵を産みつけることを勧めるようでちょっとおかしい。』と違和感を述べておられる。なお、戦後の教科書では歌詞の後半を「さくらの花の、花から花へ、とまれよ遊べ、遊べよとまれ。」と替え、それが今にうたいつがれている。

しかしじつはこの歌の背景には江戸時代からの小唄（流行唄）やわらべうたがあり、またその玩具まであったのである。浅草の僧、釈行智が文政三年（一八二〇）に書きしるした貴重なわらべうた集『童謡集』に次のようにのる。

蝶々（玩具）　江戸後期
草双紙切抜帖

蝶々売り　長谷川雪旦画
『江戸名所図会』

てふてふとまれ。菜の葉にとまれ。
菜の葉がいやなら手にとまれ。

喜多村信節《のぶよ》の『嬉遊笑覧《きゆうしょうらん》』に「宗因が句に　世中は蝶々とまれかくもあれ（略）京師八坂の茶屋のことをかける草子に、てふてふとまれの小歌出たり、件の句はこれをとれり。然らば菜の葉にとまれと云ふは昔の小歌なり。」と柳亭種彦の説を記し、その歌をとった「蝶々とまれ」という玩具に言及している。喜田川守貞の『守《もり》貞漫稿《さだまんこう》』（のち『近世風俗志』として活字化）にも玩具「蝶々」の構造の詳しい説明のあとに、江戸の玩具売りの声を、

蝶々もとまれ、とんぼもとまれ、
それとーまった。

と記録する。長短いろいろ、長いものは三尺もある細竹の先につけた紙製の蝶々を、江戸の子どもたちはヒラヒラと飛ばし舞わしながら春のよろこびをうたい遊んでいたのである。

子供遊皐月のたわむれ　歌川芳藤画　筆者蔵

端午の節句の巻

天神さんと粽

戦前の、貧しいながらも楽しかった私の幼いころの思い出のなかでも、一番になつかしいのは端午の節句である。床の間に目にも鮮やかな「天神さん」の掛け軸を掛け、飾り段に兄たちそれぞれの大きめの土人形、「天神さん」や「武内宿祢《たけうちのすくね》」が並び、そこに私のは小さめではあったが、じつにりんとした大石内蔵助が陣太鼓を打ち鳴らす人形が立つ。その姿、顔立ちは今でも鮮明に眼に浮かぶ。

畑には真鯉・緋鯉の鯉幟を立て、路沿いの屋根のひさしには菖蒲を上げ、風呂にも菖蒲の束を浮かべた。一方、男の子の仕事は山へ熊笹を採りに行くこと。身の丈

越前武生在の天神　清水晴風画
『うなゐの友』

近い笹をかきわけながら、できるだけ幅の広い大きな笹を選んで次々に採っていく。そして、家ではこね鉢で粉をこねて粽《ちまき》（私どもはマキと呼んだ）を作るのだが、大きな麺板を家族中で囲んで、卵より少し大きい団子にしたあと三角の形にし、細い竹丸ごとの串にさし、水でぬらした笹で包みイグサで巻いて仕上げる。イグサは複雑でむずかしく子どもにはできなかったが、団子を作るなどでそれなりに手伝う。そのなごやかさとよろこびに満ちた期待感・高揚感は、ほんとうに一生の宝として心に深く刻みこまれている。

菖蒲の節句　男の節句

菖蒲や粽が邪気を祓い長寿を祈るものとして端午の節句に用いられる習わしは、古く中国から伝わり宮中で行われて、やがて武家や一般庶民にひろまって「菖蒲《あやめ》の節句」として親しまれていくが、菖蒲が「尚武」につながるところから「男の節句」としてだんだん武ばった行事になっていく。丈夫で強い男の子に育つよう、また頭のよい優秀な人間にと願いをこめ、武者人形や天神像を飾り、また出世を祈って軍《いくさ》の幟や鯉幟を立てる。子どもたちは菖蒲刀で切りあいをしたり戦《いくさ》ごっこをして遊ぶ、はたまたそれが集団どうしの〈印地打《いんぢうち》〉、つまり石合戦にまで拡大し盛んに行われるようになっていく。たがいに石を投げ合うのだから当然けが人が続出するという事態となるので、あげくはお上から法度が出されるという始末となる。私など農村の人間には、そんな端午の節句の石合戦や戦ごっこなど考えもしないことであったが、江戸などでは明治のころまで、冒頭に掲げた芳藤《よしふじ》の絵のよ

印地打　『天和長久四季あそび』　筆者蔵

うに、男の子たちが盛んに戦あそびを行ったのである。

親の願い　子の願い　世の願い

手許にある画者不詳の端午の節句の古い掛け軸に描かれているのは、手前から馬上で弓をもつ鎧《よろい》姿の「神功皇《じんぐうこう》后《ごう》」と、皇后につき従う「武内宿祢《たけうちのすくね》」。中ほど左に「諫《かん》鼓《こ》」「媼《おうな》」「鍾馗《しょうき》」「翁《おきな》」の幟、その奥に鯉幟と吹流し、一番上に日本一の富士山である。神功皇后は古事記・日

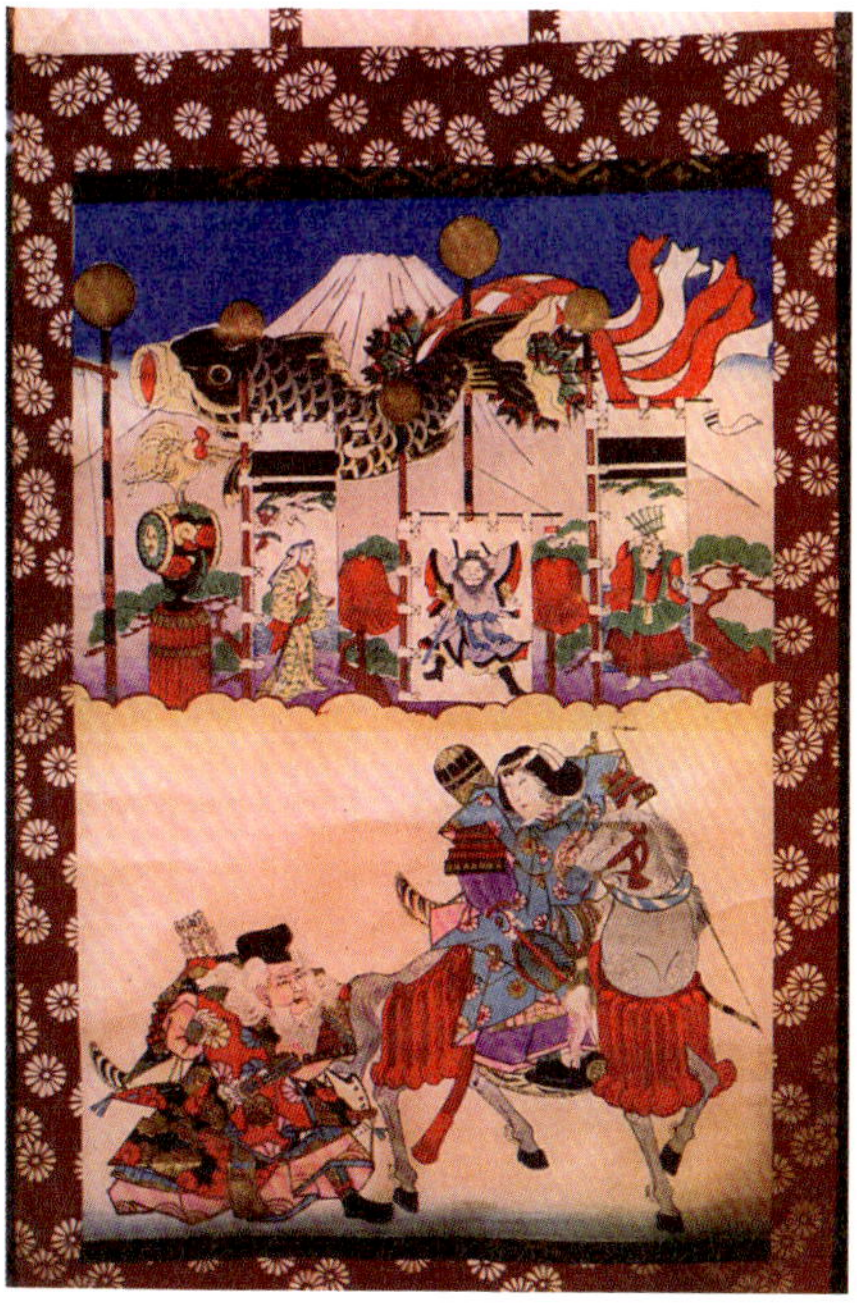

端午の節句掛け軸　画者不詳　筆者蔵

本書紀などによる大和朝廷初期の伝承上の人物で仲哀天皇の皇后。おなかにのちの応神天皇を宿しながらも九州の熊襲《くまそ》征服のため天皇に同行、天皇の死去という思わぬ事態にもめげず戦って凱旋したとされる。武内宿祢も同じく大和朝廷で大臣《おおおみ》として長く活躍した伝承上の人物で、なんと景行・成務・仲哀・応神・仁徳の五朝にわたり仕えたという。

翁《おきな》と嫗《おうな》は子どもたちには昔話の明るく正直な「お爺さんとお婆さん」で長寿の象徴でもある一方、古く猿楽にはじまり、能はもちろん歌舞伎舞踊や三味線音楽、そして各地の民俗芸能に至るまで広く演じられる〈三番叟《さんばそう》〉の「翁」として、ある意味神格化され、五穀豊穣・延命長寿・子孫繁栄を祈る、きわめて重要な意義をもつものでもある。鍾馗《しょうき》は見るとおりの鋭い眼に長い髭、黒冠に長靴のいでたちで、右手に剣をもつ威嚇的な人物像で、中国の民間信仰の魔除けの神である。もとは大晦日の除夜にその図を貼って悪霊や病魔を祓う習わしであったのが、のちに端午に用いられ、わが国に伝わって幟に描き、五月人形に作り飾られるようになった。

さて、「諫鼓《かんこ》」については平安中期の『和漢朗詠集』に載る藤原国風作の漢詩に、

刑鞭《けいへん》蒲《かま》朽ちて蛍空しく去《さ》んぬ
諫鼓《かんこ》苔《こけ》深うして鳥驚かず

とあるように、昔中国の天子が、時の政治に物申す人民

上野東照宮　唐門の彫刻　諫鼓鶏
撮影　筆者

の諫めを伝えたいときに打ち鳴らす太鼓を置いた故事にちなみ、善政のもとでは民が平和で、罪を犯す者も諫鼓を打つ者もなく、太鼓には苔が生え鳥がとまっているというわけで、世の平和と繁栄の象徴となっているもの。
たまたま先年の初め上野の東照宮を訪れ、境内のみごとな寒牡丹を見たあと社殿に入った際、唐門《からもん》に豪華な左甚五郎の昇り龍・降り龍とともに「諫鼓鶏」の彫刻もあることに気づいた私は、徳川幕府の高い政治理念の一こまを表すものとして感慨深く見たことを書き添えておきたい。

菖蒲打ち　菖蒲たたき

天保十五年（一八四四）刊、万亭応賀の『幼稚遊昔《おさなあそびむかし》雛形《ひながた》』に
「五月五日のしょうぶをあみて、たはむれに地などをうち、おとをいだしあそぶのなり。」
とあり絵も載せてあるように、子どもたちは戦ごっこのほかに、菖蒲を束ねて地を打ち合い、その音の大きさで勝負をすることにも興じた。
次頁に掲げる絵は、冒頭の芳藤の絵とタイトルも同じで、子どもの表情の描き方にも似たところがあり、作者に関連があるようにも考えられるが、そこに添えられている子どもたちの江戸っ子言葉が当時をじつにリアルに表していて興味深い。

〽さァもういちほんきねへ。
〽なんの、てめちゃァ、いくたりきたって、かなはにゃァしねへ。
〽さァこんどはおれのばんだ、まて〱。
〽やィさきち、こんだァおれがかたきにでるぞ。
〽やァこいちゃァおもちろい〱〱。
（以下芝居がかりで）
〽ばた〱〱、ヨはァった。なりこまやァ。おとはやァ。
〽よしつね　べんけい　なにがなんとヲ。
〽ありゃァじん〱〱、ありゃァじん〱〱。
〽あのとんちゃんより、おいらのほうがうまかろ

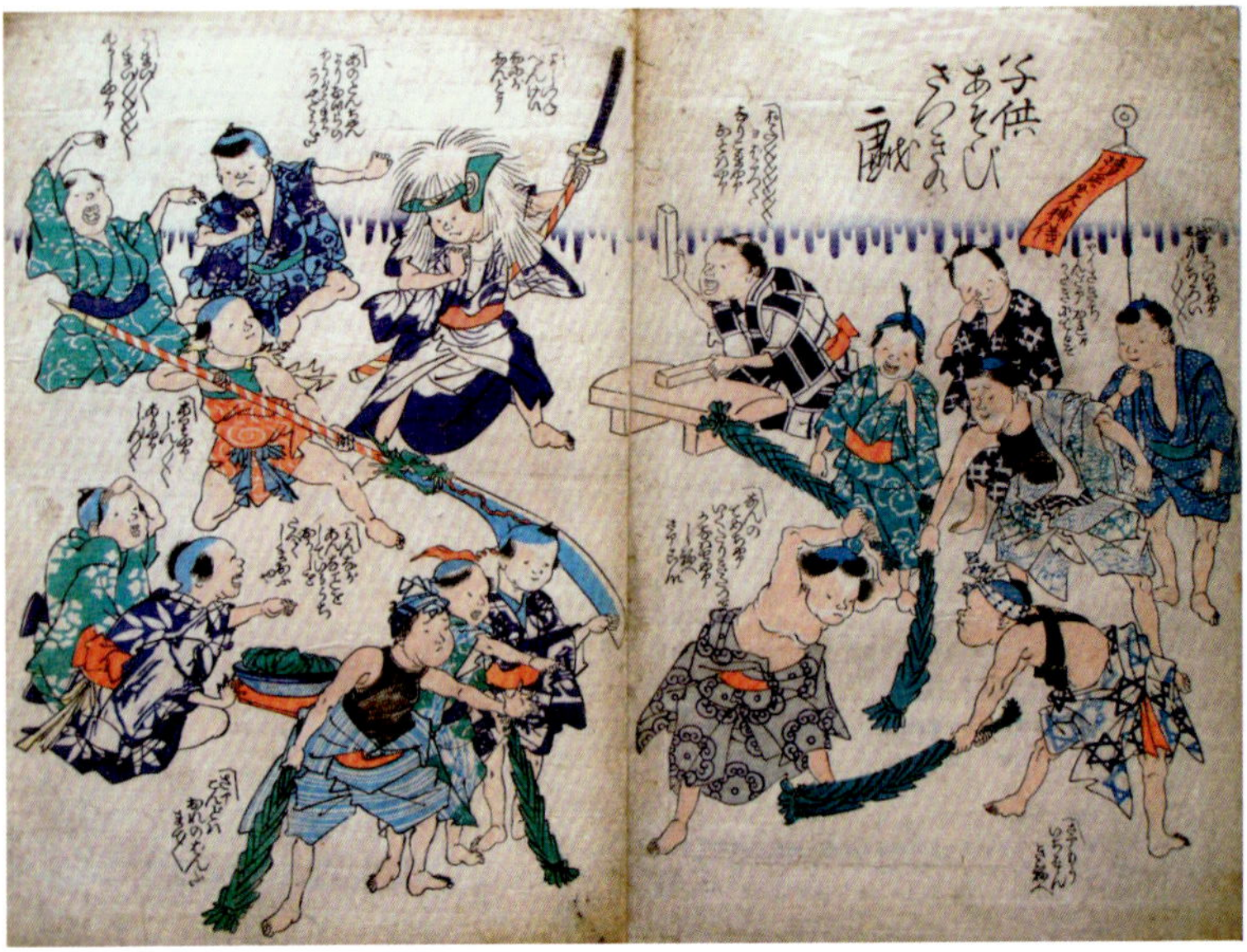

子供あそび　さつきの戯　画者不詳　筆者蔵

や、だうだ。

〽うまい〳〵。むさしやァ。

〽みんながあんなことをしているうち、おかしをたべてしまおふや。

新潟県の北蒲原郡ではこれを「菖蒲たたき」といい、子どもたちの単なる遊びではなく、豊作を祈り、その年の作を占う、村をあげての行事として行った。その具体的な様子が鈴木棠三著『日本年中行事辞典』（角川書店）に記されているので次に引用させていただく。

ウツギまたは桑のようによくしなう枝を心にして、菖蒲と蓬を交ぜてこれに着せ、外部を藁で包み、縄で巻き上げたものを持ち、神社などに集まった子供たちが鬨の声を上げて村の外れから一軒ごとに押しかけ、円陣を作って地面をポンポンと叩きつつ、「菖蒲叩きの鐘叩き、菖蒲と蓬を刈り交ぜて、今年の作のよいように、何と名を付けようば、八幡太郎と名を付けて、今年の作のよいように。」

と二度繰り返し、粽や菓子をもらって次に行き、最後に神社に引き揚げてここで二十回ほどタタキを繰り返し、声もかれがれになったころ、めでたく全部を終了し、菖蒲叩きは神社の裏手または家の屋根の上に投げ上げる。村によっては、途中で隣村の組と接近して叩き合いを行い、石を投げ、砂をかけ、竹でなぐり合いなどを行う。退却した方が負けで、その村の作は悪いという。菖蒲叩きは、終わったら川に流さぬと、蛇の祟りがあるなどともいう。

これはまさに、関東地方などで秋に行う〈十日夜《とおかんや》〉の藁鉄砲を打つ行事や、西日本の〈亥の子〉などの行事と端午の行事が習合したものと考えてよかろう。

五月の節句は　菖蒲切りがはやる

これは新潟県十日町市の「菖蒲切り」のわらべうたで、菖蒲の葉を束ねて作った菖蒲刀で切りあう遊びにうたう。また、同県中魚沼郡中里には次のような例もあるから、菖蒲でお尻をたたくことも行ったらしい。それは小正月の〈粥杖〉の行事を思い起こさせる。

よもぎ菖蒲の　尻たたき

おしまいは青森県弘前市の菖蒲打ちの唄。

今夜の菖蒲打ち　とんがもねえ

「とんがもねえ」は、とがめられることもないの意。子どもたちは、菖蒲とよもぎを束ねたもので、思いっきり路をたたきまわった。

太陽マジックのうた

童話「イーハトーボ農学校の春」より

宮澤賢治 作詞 作曲

つくしはつんつん

(千葉) 東葛飾郡沼南町

おら前の田ん中で

（千葉）柏市

田螺さん

（長野）伊那市

たにしさん　たにしさん　いなりまいりを
なさらぬ　か　いやでそうろう　いやでそろ
どじょうさんから　さそわれて
とびとからすと　ふくろめが
1.,2.
3.
きょねんの　はるたに　こりまし　て　あっちきゃっころ
ひょろひょろ　ーがわを　わたると　き
ばっからかしゃ　かいをつく　こっちきゃっころ　ばっからかしゃ
かいをつく　そのきずがー　そのきず　が
しせちしどよう　ふゆくれば　ずっくりずっくり
ずっくりずっくり　いたみます　なにかくすりが
ござらぬ　か　くすりはいろいろ　あるけれど
(小音符 2,3)
まずだいー　いちの　みょうやく　は
かみなりー　さまの　へそのお　と
こうのう　いちじに　あらわる　る
のみの　のうふに　しらみの　あばらぼ　ね
それを　ねりまぜ　もちうれ　→　ば
こうのう　いちじに　あらわる　→　る
(2,3 は 1 小節とぶ)

お雛さまよ

（千葉）長生郡長南町

さくら

（東　京）

べーべーぬ草

（沖縄）国頭郡

鳩ととんびと

（宮崎）児湯郡西米良村

夏

市中繁栄七夕祭　歌川広重画　名所江戸百景　『広重名所江戸百景』　岩波書店

七夕の竹飾りは、商家にとっては商売繁盛を願う絶好の機会でもあり、江戸では願いが天に届くよう青竹を継いで、かくも盛大に高々と立てた。まさに壮観。

中扉／**七夕と盆ぼん**　鮮斎永濯画
『江戸年中行事図絵』

祭りの売り物　松本洗耳画　『東京風俗志』(明治)

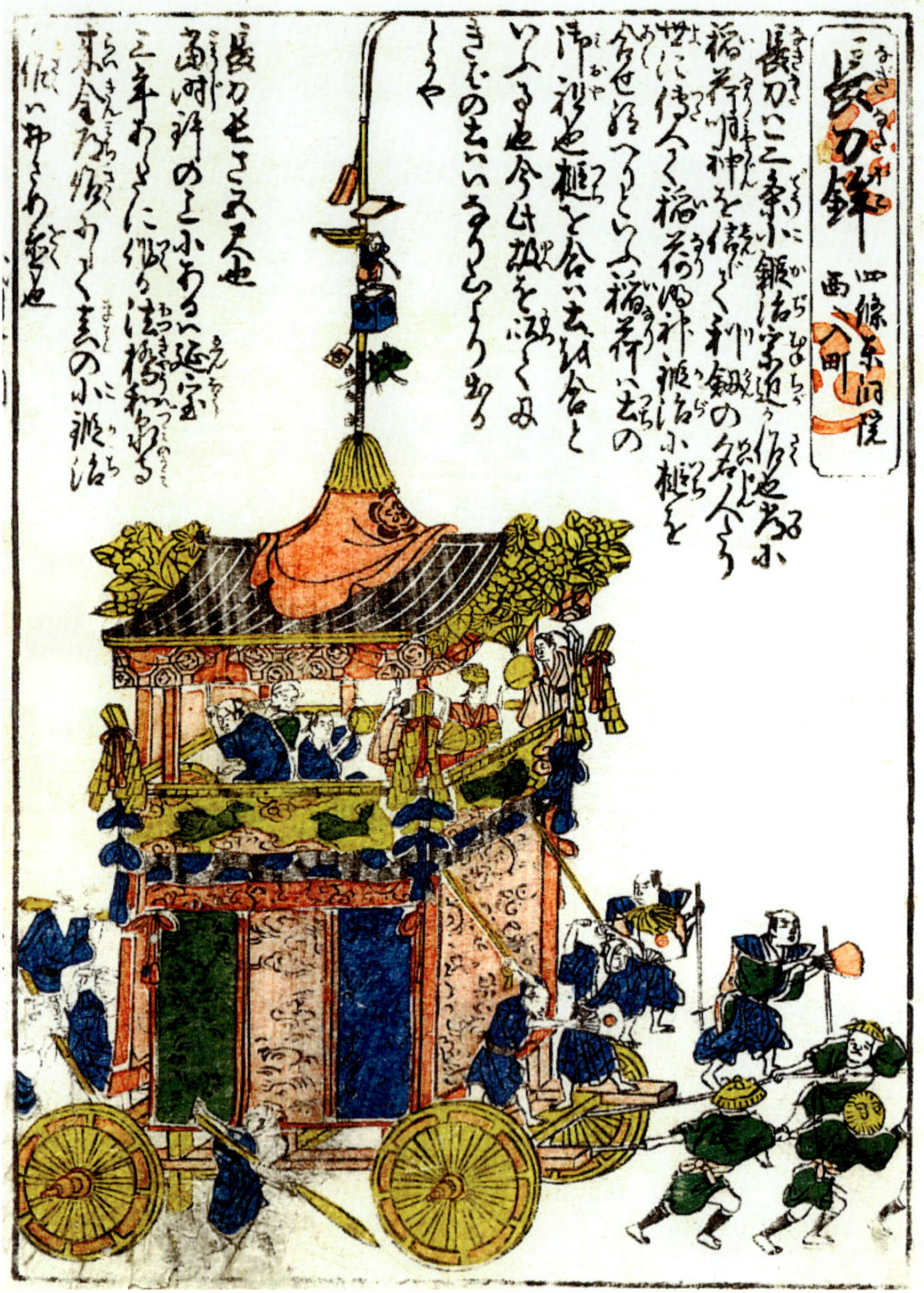

祇園祭　長刀鉾　『祇園御霊会細記』

祇園祭は京都の八坂神社の祭礼。昔は六月七日から十四日、今は七月一日から三十一日まで一ヶ月にわたって行われる。祇園御霊会、祇園会といわれ、疫病を防ぎ鎮めるために平安時代から行われ、その華麗な山車やお囃子は全国の祭礼に強い影響を与えた。天高く屹立する薙刀を依り代として神は降臨し、稚児は神の子として最前中央に立ち、注連縄切りほか神事や巡行に重要な役をになう。

雨の菖蒲と燕　山本昇雲画　筆者蔵

夏の絵暦・うたごよみの巻

自然は友だち

鷺にゃ尾がない　やれはづかしや
是は鷺を見ていふ詞也。

元禄期鳥取わらべうた
（野間義学著「筆のかす」所収）

鳥取藩士、野間義学の享保一七年（一七三二）頃成「筆のかす」は、まとまった伝承童謡の記録としては世界最古とされる。その写本『古今童謡』が筆者尾原により発見され鳥取県立博物館に収蔵された。尾原・大嶋・酒井共著の『古今《こきん》童謡を読む』（今井出版）の序に、日本歌謡学会名誉会長の真鍋昌弘先生がこの唄をとりあげられ、「尾羽が短い鷺をはやしたのである。鷺も思っているであろう「はずかしさ」をいったんは受け取って、それをまた鷺に投げ返した。」と解説してくださっている。

泥沼から生じながら濁りに染まらず、清く美しく咲く〈蓮華〉は、仏教の象徴的な花であるとともに蓮華座として仏さまが座したもう貴重なもの、一方食用としての蓮根も私たちにはなじみのもの。七～八月頃の早朝に白・ピンク・紅色などの大きな花を咲かせ、昼には閉じる。千葉市の「大賀ハス」は二千年も前の弥生時代後期のものと言われて驚かされるが、それ以上に古い古代ハスとされる埼玉県行田市の「行田ハス」もあり、ある年その広大な蓮苑のなかで私も早朝にみごとに開いていく花々を眼前に見、まさに身を極楽におくような深い感動をおぼえたことを忘れることができない。

菖蒲と鷺　十二ひと絵　楊洲周延画　筆者蔵

蓮　山本昇雲画　筆者蔵

れんげれんげ
つーぼんだつーぼんだ
やっとことっちゃ　つぼんだー
ひーらいたひーらいた
やっとことっちゃ
ひーらいたーひーらいたー

江戸わらべうた『童謡集』
文政三年（一八二〇）成　釈行智

わらべうたの代表的なものとして誰でも幼少時に経験のある「ひらいたひらいた」の古型は、このようなものであった。明治の頃には学校の遊戯のひとつにもなり、全国的な流行へと広がっていく。明治・大正の文学にも情緒ゆたかに取り入れられている。

大路を見渡せば罪なき子供の三五人手を引きつれて開いらいた開らいたなんの花ひらいたと、無心の遊びも自然と静かにて、廓に通ふ車の音のみいつに変はらず勇ましく聞こえぬ。

『たけくらべ』明治二十八年　樋口一葉

お国さんたちはいつもれんげの花ひらいたをやっている。伯母さんはそれから家《うち》で根気よくその謡《うた》を教えて下稽古をやらせ、それが立派にできるようになってからある日また私をお向こうの門内へつれていった。そうしていじけるのを無理やりにお国さんの隣へわりこませたが、いくじのない二人はきまりわるがって手を出さないので、伯母さんはなにかと上手にだましながら二人の手をひきよせて手のひらをかさね、指をまげさせて上からきゅっと握ってようやく手をつながした。

『銀の匙』大正元年　中勘助

渡ろ渡ろ　あの橋渡ろ
虹の橋渡ろ　笠着て渡ろ
渡ろと思たら　渡らんまに消えた

京都府宇治市わらべうた（楽譜159頁）

虹を見る（部分）　上村松園画　日本の名画808

宇治川の清流と緑の山々を背景に美しい虹の橋が立つ夢のような風景。それもつかの間、夢はあっというまに消え失せる。理想と現実のきびしさを思わせるわらべうたである。

季節に遊ぶ

ままごと　山本昇雲画　筆者蔵

蝉捕り　長谷川雪旦画
『江戸名所図会』

魚釣り　宮川春汀画　筆者蔵

魚捕り　竹原春潮斉画　『大和名所図会』

影絵　山本昇雲画　筆者蔵

蛍狩り（部分）　四季の詠　楊洲周延画　筆者蔵

祭りの日

おついたちは祇園さんで
七日八日はお薬師さんで
十七八日は観音さん
二十五日は天神さん
二十八日は不動さま

入谷の朝顔市　松本洗耳画　『東京風俗志』

京都における月々の主な縁日をうたう端唄である。もちろん縁日のほかに四季折々の盛大なお祭りもあって、庶民の信仰がいかに日常の暮らしに融けこんでいたか、また日本人がどんなにかお祭り好きかをよく物語っている。それは大人も子どももまったく同じ。みんなお祭りの日を指折り数えて待ちわびるのだ。

七夕祭り　画者不詳　『教育廿世紀』　筆者蔵

ねぶたコ流れろ　〈笛・太鼓〉
豆の葉さとまれ　〈笛・太鼓〉

青森県弘前市　眠り流しうた（楽譜159頁）

いまだ暮れはてぬに、童《わらわ》（中略）丈ばかりの棹の末《うれ》に色絵かいたる、方《けた》なる火ともしに七夕祭としるして、そが上に小笹薄《すすき》などさしつかね、手ごとにさゝげ持て、「ねぶたもながれよ、豆の葉もとどまれ、苧《お》がら苧がら。」とはやし、鼓、笛に声どよむばかり歩《あり》く。

陸奥国下北大畑　ねぶたながし
菅江真澄日記『牧の朝露』寛政五年（一七九三）

お精霊《しょろい》　迎えに行こ
明かりについて　ござれござれ

新潟県長岡市　精霊迎えうた

この地方では八月十三日の夕方、子どもたちが豆がらを芯にした松明《たいまつ》に火をつけ、このようにうたいながら村はずれまで精霊を迎えに行く。

あゝ今日は盆の十六日だ、お閻魔様へのお参りに連れ立って通る子どもたちのきれいな着物きて小遣ひもってうれしさうな顔してゆくは、定めて定めて二人そろって甲斐性のある親をばもってゐるのであろ。

『にごりえ』明治二八年　樋口一葉

お迎え火　祝部至善画
『明治博多往来図会』

祭りのおめかし　山本昇雲画　筆者蔵

花火　両国花火之三曲（部分）
楊斎延一画　筆者蔵

「たまやー　かぎやー」

「花火召ませ」

「此筒は流星と申花火。水に入り、雲に入り様々の仕掛け有。御目にかけん」

これは江戸の花火売りの売り声。江戸の花火の老舗は日本橋の「鍵屋」で、後になって暖簾分けした「玉屋」が競演することとなる。花火を見るときの掛け声「たまやー　かぎやー」はそれにちなむ。

次は、幼い五、六歳の少女「アンポンタン」の大川

（隅田川）の川開きの船上の想い出。

「玉や――」

みんなが口をあいて空を仰ぎ見る。だがなんと、暗い河の水の油のようにぎらぎらすることぞ！　水面《みず》を見ると怖い。アンポンタンは父親の膝を枕にしてボンヤリしていた。もう、そろそろ船が動きだした。あたしは大きくなってからもそうだが、賑やかなあとのさびしさがたまらなくきらいだった。ことに川開きは、空の火も家々の燈も、船の灯も、バタバタと消えて、即《たちま》ちにして如法暗夜《にょほうあんや》の沈黙がくるからたまらなく嫌だ。遠くの方へ流れてゆく小さなさびしい火影《ほかげ》と三味線の音――小さい者は泣くにもなけない不思議なわびしさに閉じこめられてしまう。

『旧聞日本橋』長谷川時雨　岩波文庫

樽神輿・獅子舞　鮮斎永濯画　『子供遊画帖』　筆者蔵

飴細工　祝部至善画　『明治博多往来図会』

橋の下の六地蔵
鼠がちょっとかじった
鼠こそ地蔵さんや
鼠こそ地蔵なら　なんで猫に捕られた
猫こそ地蔵さんや
猫こそ地蔵なら　なんで犬に捕られた
犬こそ地蔵さんや
犬こそ地蔵なら　なんで狼に捕られた
狼こそ地蔵さんや
狼こそ地蔵なら　なんで火ィに焼かれた
火ィこそ地蔵さんや
火ィこそ地蔵なら　なんで水に消された
水こそ地蔵さんや
水こそ地蔵なら　なんで人に飲まれた
人こそ地蔵さんや
人こそ地蔵なら　なんで地蔵拝んだ
ほんまの地蔵は六地蔵

大阪府高槻市わらべうた

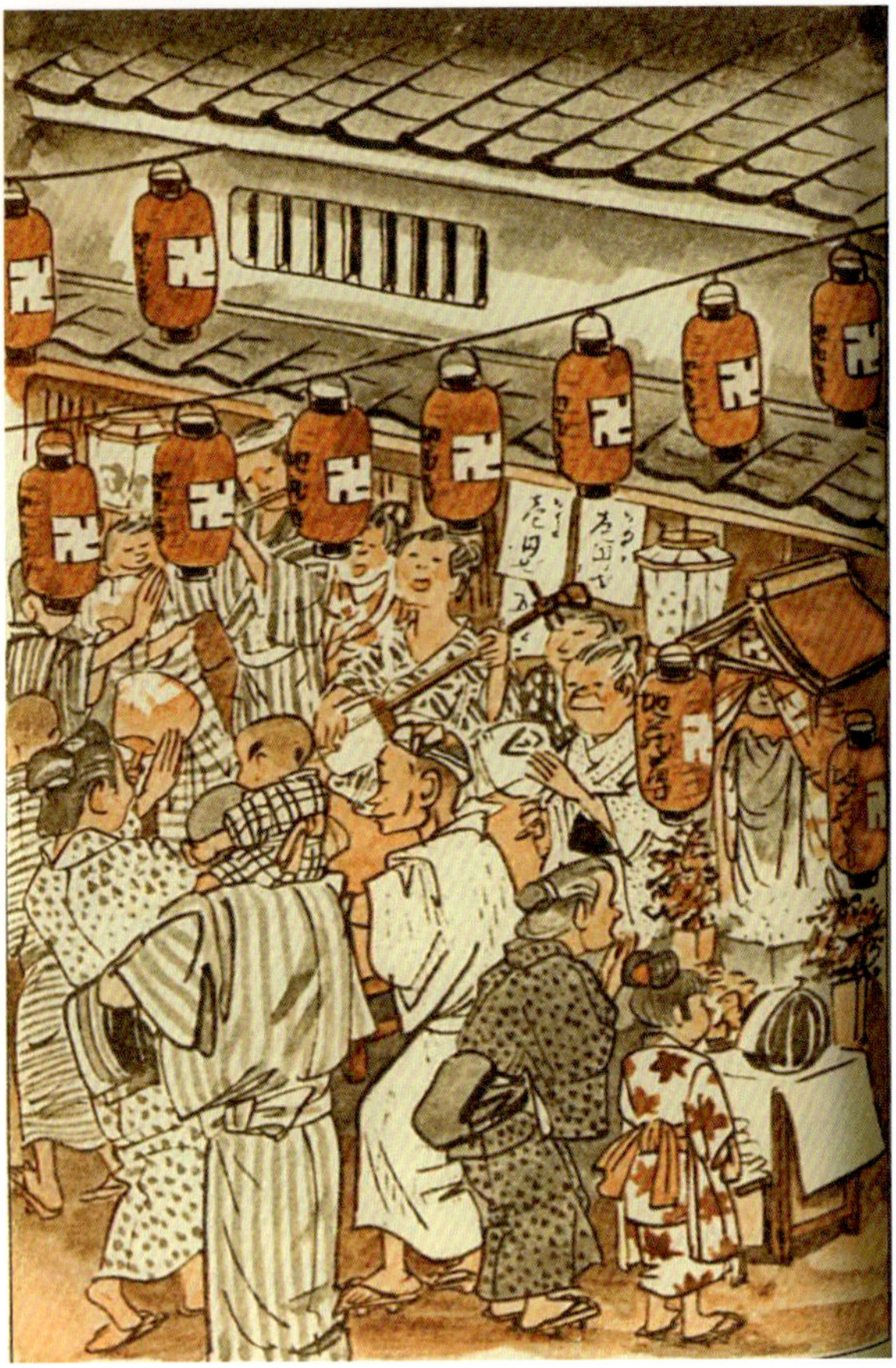

地蔵盆　三代長谷川貞信画　『続浪花風俗図会』

子ども遊びの歴史のなかで最も古いもののひとつといえる「子をとろ子とろ」は、地蔵尊によって地獄の子どもたちが鬼から救われる様を形に表したものとされる。「橋の下の六地蔵」は中世の地蔵舞の歌にちなむ伝承で、宮澤賢治の母イチが幼い兄弟姉妹にうたった子守唄「道ばたの黒地蔵」（岩手県花巻市）もその類歌である。また福岡県久留米市には『賽の河原地蔵和讃』にもとづく「賽の河原を眺むれば、黄金づくしの地蔵さんが、あまたの子どもを引き連れて、日にち毎日砂遊び」とうたう子守唄もある。

七夕踊　為一（北斎）模写　江戸前期　正保頃（1645〜48）の絵巻より　筆者蔵

七夕と盆々の巻

七夕のにぎわい

江戸や京都、あるいは城下町などでは、昔は七夕に「七夕踊り」またの名を「小町踊り」という少女たちの踊りが、華やかに行われていた。絵に見えるように、美しく着飾った少女たちが、円くなって、手に手に小さな太鼓を持ち、小歌に合わせトン、トン、トトトントンと、おしとやかに打ち鳴らしつつ回って踊る。ひととおり踊り終えると次の町へと移動する。こうした集団が、あの町この町とくりだすのだから、その華やかさと賑やかさが目に浮かぶ。地方ごとに「眠り流し」や「ねぶた」「竿灯」などといった、身の息災や豊作を願う行事が盛大に行われる一方、七夕の日に井戸水を汲み上げ空にして掃除をする「井戸替え」をしたり、子どもたちが日ごろ手習いに使う硯《すずり》をきれいに洗ったり、おしまいには七夕の竹飾りを川や海に流したりする「七夕流し」の習わしがあるなどを思い合わせると、それらの根底には、すぐ前の水無月祓《みなづきはらえ》（夏越《なごし》の祓、大祓《おおはらえ》とも）に通ずる「祓」の伝統が、「ひとがた」「形代」などとも共通する信仰として流れているように思われる。

硯洗い　喜多川歌麿画　『絵本天の川』

菅江真澄《すがえますみ》（一七五四〜一八二九）は、その紀行文のひとつ「伊那の中路」に、天明三年（一七八三）七月七日、信濃国洗馬村（現塩尻市）の風俗を次のように記す。

あくるを待《まち》て、うなひら《幼児》、ちいさきかたしろ《形代》のかしらに糸つけて軒にひきはへ、くれ行《ゆく》空をまつに、身のけそう《化粧》、きよらによそひたちて、めのわらは《女童》、あまたむれつどひ、さゝら《簓》すりもてうたひごち、こよひや、ほしをいさめ奉るならん。

信濃の七夕人形　菅江真澄画
「伊那の中路」『菅江真澄全集』　未来社

次のような今に伝承される美しい七夕の歌も、元はといえば七夕踊りの歌に発すると考えられる。

七夕さまよ　七夕さまよ
一に短冊　上げますからに
どうぞこの手の　上がるよに　上がるよに

神奈川わらべうた（楽譜160頁）

七夕星祭り　西川祐信画　『祐信画譜』

天の七夕　おいとしござる
年《とし》にいちどは　しのぶでござる
しのぶ夜うさは　雨ふりあげく
雨と涙は　もろともに　もろともに

愛知わらべうた（楽譜160頁）

梶の葉流しと水浴び　西川祐信画
『絵本都草紙』

子どもたちは、川に入って身を清め、梶《かじ》の葉に歌を書いて川に流し、短冊に願いごとを書き笹竹に飾る。娘たちは五色の糸や箏などを供えて裁縫や芸事の上達を願うとともに星に良縁を祈り、また大人たちも、たとえば商人であれば大福帳だの算盤だのの作り物を青竹に結びつけ、天に届けといわんばかりに、高々と立てて商売繁盛を願った。章頭の広重などの絵を見てもその林立する竹飾りの様はまさに壮観で、端午の鯉幟をしのぐほどなのにはまったく驚かされる。

江戸七夕の情景　長谷川雪旦画　『東都歳事記』

寺子屋の七夕飾り　『風俗画報』

「七夕踊り」から「盆々」へ

小町踊　画者不詳　江戸前期『慶安踊絵巻』
慶安頃（1648〜52）

江戸の盆々　『浮世風呂』　歌川国貞画

江戸の盆々　長谷川雪旦画　『東都歳事記』

明治東京の盆々　鮮斎永濯画　『子供遊画帖』　筆者蔵

明治大阪のおんごく　三代長谷川貞信画　『浪花風俗図絵』

一二三頁に掲げた七夕踊り（小町踊り）の絵は、江戸前期、正保（一六四五～四八）ころの絵巻からの模写で、前述のとおり少女たちが円くなって太鼓を打ちながら歌い回る、簡単とはいえ本来の念仏踊りや盆踊りの形に近い形で踊っていたことを語っているが、一二七頁にあげた「慶安踊絵巻」に見る小町踊りでは円陣ではなく、横に数列に並び行進の形をとる。慶安（一六四八～五二）は正保の次で、時代にさほど違いはないが、おそらくこの頃に踊りはせず、ただ太鼓を打ちうたいながら行進するだけのものに変化していったと考えられる。そしてその時期も七夕から数日後の盆に移るとともに、関心が踊りよりもおもに行進用の歌に移っていく。それはちょうど音頭中心の輪踊りから掛け踊りへ移行した阿波踊りの変化にも似ているかもしれない。

歌の冒頭は「**盆々とても今日明日ばかり、あさっては嫁のしおれ草**」というもので、それを代表歌として名も「**盆々**」といい、江戸から松本、名古屋などへ流行が広がり、それぞれの地方ごとに数において手毬唄に次ぐほどの歌詞が次々と作られうたわれることとなる。

ちなみに私が昭和三十六年（一九六一）の夏に松本市を訪れたときに、松本城前の広場で開智小学校の子どもたちがうたってくれた「盆々」の歌詞を紹介しよう。喜々として留まることもなくうたいつづけてくれた、少女たちの美しい歌声と旋律、長編の歌詞には、私はほんとうに仰天。その忘れ得ない深い感動が私を一生わらべうたへと導く大きなきっかけ、また力ともなったのだから、当時の子どもたちに心からの感謝を伝えたいと願っている。

少々長いが記録としても貴重なので、ここに書き留めておく。これらはすでに踊りの唄ではないので盆踊り唄とはいわず「**盆唄**」という。

盆々とても今日明日ばかり、あさってはお山のしなれ草、しなれた草をやぐらにのせて、下からお見れば牡丹の花、牡丹の花は散っても咲くが、なさけのお花は今日ばかり、なさけのお花ホイホイ。

ここらの町が海ならよかろ、千石船に団十郎をのせて、隅から隅へ引き回す、隅から隅へホイホイ。

七夕さまよ七夕さまよ、七夕さまは無理なことをおっしゃる、柳に駒をつなげとおっしゃる、つながばつなぐ遠慮なく、つながばつなぐホイホイ。

天神さまよ天神さまよ、この手を上げてくださるならば、白地に綿を浅黄に染めて、裾には鯉の滝のぼり、すそには鯉のホイホイ。

大竹小竹道ばたの竹の子、夜昼人の目にさわる、夜昼人のホイホイ。

八百屋の前でなすの皮ひろって、おんたけさんもおいでおまつさんもおいで、ままごとするでみなおいで、ままごとしましょホイホイ。

しんとはよいよしんとはよいよ、水茶屋だらけちょうちんだらけ、数えてお見れば百七つ、数えてみましょホイホイ。

長野県松本市（楽譜161頁）

「盆々」の記録と考証

よくひきあいにだす江戸浅草の釈行智《しゃくぎょうち》も、文政三年（一八二〇）序の『童謡集』に同様の盆唄を次のように書きとめている。

ぼん〳〵〳〵は、
けふあすばかり、
あすはよめのしほれ草〳〵、
しほれた草をやぐらへあげて、
下から見ればぼけの花〳〵、
ぼけた〳〵どこまでぼけた、
よし原女郎みなぼけた〳〵。

かの九州平戸藩主で、文武両道と大著『甲子夜話《かつしやわ》』で高名な松浦静山《まつらせいざん》は、釈行智とは江戸の藩邸も近く親交があったが、この「盆々」についても綿密な記録と考証を残している。そのうたい方について次のように具体的に記す。『甲子夜話続篇』天保二年（一八三一）の記。

唱哥と謂ふは、「孟《ぼん》〳〵孟は今日明日ばかり、翌日はよめのしほれ草、〳〵」これ唱哥なり。答哥とは、「しほれた草をやぐらに上《アゲ》て、下から見ればぼけの花、〳〵」是れ答哥なり。又、「向ふにみへるは躍《(おど)》り子じゃないか、躍があらばせり合もうそ」是れ唱哥なり。「せり合ひはり合ひ、まければ恥」と云ふ以下は是れ答哥なり。（中略）是れ此時に至れば、市間にいく群も躍とて出立つ。其体は女子の十歳を下とし、十一二三に至って、相列《アヒツラナツ》て前隊《マヘガハ》とし、十四五より十七八九の者後隊《アトガハ》として、市陌《まち》を連行す。このとき後隊先づ歌って、「孟々孟はけふあすばかり」と唱ふれば、前隊これに附けて、「あしたはよめのしほれ草〳〵」と和す。かくして、他の群これを聞くときは、嘲《あざけり》て曰《いわく》。「しほれた草を矢倉に上て、下から見ればぼけの花、〳〵」と哥ふ。これ答哥たる所以《ユエン》。

盆唄の名所めぐり

以下各地の盆唄から、歌詞の興味あるところを拾って各一節のみをあげておこう。

まず行智や静山とほぼ同時代、式亭三馬も『浮世風呂』文化六年（一八〇九）〜の第四編に、江戸の盆々の様子をこまかい会話を含めリアルに表しているが、そのなかの一節。

ウタ「長《なアが》い長い。両国ばし（橋）や長い。おヲ馬《むウま》でやろか。おヲ駕籠《かアご》でやろか。おヲ馬《むウま》も否《いや》よ。おヲ駕籠《かアご》もいやよ。十引六七に手《てヱ》をヲひイかアれヱ。手《てヱ》をヲひイかアれ。

名古屋では「盆ならさん」という。小寺玉晁の天保二年（一八三一）序『児戯』（尾張童遊集）より。

わたしのかゝさまきツことおしゃる、
盆の三日を出さんとおしゃる、
地獄の釜の蓋さえあくに、
出ァいておくれよかゝさまよ〳〵。
わたしのかゝさまそれよりきつい、
天の星をかぞへよとおしゃる、
百や弐百はかぞへもせふが、
千や万はかずしらず〳〵。

（参考楽譜162頁）

盆唄は歌詞のみならず地方ごとにそれぞれに旋律もじつに美しく、心に残るものが多い。滋賀県の彦根では「きせない」という。（以下拙著『日本のわらべうた 歳事・季節歌編』より）

天の星さん数えてみれば、
九千九つ八つ七つ、
ノーヤーッサイきせないきせない、
九千九つヨーホイ八つ七つ、
ノーヤーッサイきせないきせない。

（楽譜165頁）

京都では「さァのやァの」という。

さァのやァの糸桜、
盆にはどこもいそがしや、
東のお茶屋の門口で、
赤前だれに繻子《しゅす》の帯、
ちょと寄らんせ入らんせ、
巾着に金がない、
無《の》うてもだんない入らんせ、
おおしんき、こおしんき。

（楽譜163頁）

大阪では「おんごく」といい、縦並びに歩行する。

おんごくなはは、
なははやおんごく、
なはよいよォい、
なにがやさしや蛍がやさし、
草の葉陰で灯をともす、
アリャリャ、コリャリャリャ、
サアサヨイヤサ。

（楽譜164頁）

富山では「さんさい踊り」といい、これは珍しく輪踊りの形を残している。

踊り見に来て踊らぬものは、
足にタンコべできてくれ、
サーイサンサイヨン、
サノヨイヤナー。

（楽譜165頁）

東都日枝大神祭礼練込之図　歌川芳藤画　筆者蔵

よし藤画
彫卯三又

江戸天下祭りの巻

山王のお猿さん　江戸風俗十二月　六月山王祭
楊洲周延画　筆者蔵

山王のお猿さん

山王《さんのう》のお猿さんは
赤いおべべが大お好き
テテシャン　テテシャン
夕べ恵比須講に
呼ばれて行ったら
鯛の吸物　小鯛の浜焼き
一ぱい　おすすらすぅすら
二はい　おすすらすぅすら
三ばいめには
名主の権兵衛《ごんべえ》さんが
肴《さかな》がないとて　お腹立ち
ハテナ　ハテナ
まずまず一貫　おん貸し申した
せんそんせん　まんそんせん

東京（楽譜166頁）

東京を中心として、広く全国的にもうたわれた手毬唄である。「山王のお猿さん」とは東京山王権現（千代田区日枝神社）の使いとされ、祭りの山車《だし》にも立っていた猿をうたったもの。いきな都節音階（陰音階）で、詞・曲ともにリズミカルで明るく、江戸のわらべうたでも代表的なものである。

冒頭に掲げた芳藤描く「東都日枝大神祭礼練込之図」に見えるように、六月十四日の宵宮、十五日の本祭りの二日間、山王祭りは豪華な山車が延々と連なり、なかでも江戸城内への練りこみは半蔵門から城内に入り竹橋に抜け、続いて山の手・下町の百三十余町へと繰り込む江戸っ子の誇る特別な祭りである。隔年で同様に行われる神田祭りとともに、将軍みずから拝観する習わしから世に〈天下祭り〉と称された。

警護先導の手古舞、木遣り音頭に続くその山車の第一番が大伝馬町の〈諫鼓鶏《かんこどり》〉（端午の章参照）で、二番が南伝馬町の〈猿〉、その続きが何と四十五番まで、さらに鉾あり花山車あり、「家々でも皆桟敷を掛けて幕を張り、毛氈を敷き、金屛風をたて飾って親戚知己を招いて行列を観覧するという有様で、それはそれは壮麗華美を極めたものであった」（若月紫蘭著『東京年中行事』明治四十四年刊）という、まさに江戸一番の大イベントであったのである。

しかし、その江戸っ子が愛してやまない大切な祭りも、また町内の何よりの宝である山車も屋台も、関東大震災、また太平洋戦争の東京大空襲によって、そのすべてが灰燼に帰してしまった。その後、力強く復興した東京ではあっても、今もってその山車の数々は見ることができないのが現状で、誠に残念といわざるをえない。とはいえ、そこは江戸っ子の底力、神輿を中心として祭りは復活した。

新板しりとり文句双六（おもちゃ絵） 画者不詳 筆者蔵

山王祭りの大象　千代田之御表山王祭礼上覧（部分）楊洲周延画　筆者蔵

麹町〈大象〉の人気

数ある山車のなかで、ひときわ目立つ人気のものに麹町の大象があった。

幕末の万延元年（一八六〇）頃から明治にかけて江戸・東京に大流行した長編の尻取り唄がある。「牡丹に唐獅子」に始まり、長い文句が延々と続くのを、よどみなく間違えずに節づけしてうたうところが口自慢の江戸っ子に大受けして、はては「ねんねんころりよ」の節にのせて子守唄として、また子どもたちもお手玉唄としてもうたった。実際〈おもちゃ絵〉や〈双六〉などにも数多く描かれるほどに大人にも子どもにも人気が高かった、その尻取り唄の最終の結びが山王祭りの〈大象〉なのである。

牡丹《ぼたん》に唐獅子《からしし》竹に虎　虎を踏まえて和唐内《わとうない》
内藤様は下がり藤　富士見西行《さいぎょう》後ろ向き
むき身はまぐりばかはしら

柱は二階と縁の下
下谷《したや》上野の山かずら　桂文治は咄家《はなしか》で
でんでん太鼓に笙の笛　閻魔は盆とお正月
勝頼さんは武田菱　菱餅三月雛祭り
祭り万灯山車屋台　鯛に鰹《かつお》に鮹《たこ》まぐろ
ロンドン異国の大港
登山するのはお富士山
三べん回って煙草にしょ
正直庄太夫伊勢のこと　琴や三味線笛太鼓
太閤様は関白じゃ　白蛇の出るのは柳島
縞の財布に五十両　五郎十郎曽我兄弟
鏡台針箱煙草盆
坊やはいい子だねんねしな
品川女郎衆は十匁　十匁の鉄砲弾
玉屋は花火の大元祖
宗匠の住むのは芭蕉庵
餡かけ豆腐に夜鷹そば
相場の鉦がドンチャンチャン
ちゃんやおっかあ四文おくれ

お暮れが過ぎたらお正月　お正月の宝船
宝船には七福神　神功皇后《じんぐうこうごう》武内《たけのうち》
内田は剣菱七つ梅　梅松桜は菅原で
藁で束ねた投げ島田　島田金谷《かなや》は大井川
可愛いけりゃこそ神田から通う
通う深草百夜の情
酒と肴は六百出しゃままよ
ままよ三度笠横ちょにかぶり
かぶり縦に振る相模の女
女やもめに花が咲く
咲いた桜になぜ駒つなぐ
つなぐかもじに大象《たいぞう》とめる

あまりに文句が長いので、「閻魔は盆とお正月」から一気に「お正月の宝船」に飛んでうたったり、ここに掲げた双六のように途中で〈上り〉にしたりといったこともあった。

子ども神輿とお囃子遊び

天下祭りのもう一つ、神田祭りについて、明治の『東京年中行事』は次のように記す。

神田神社大祭　氏子区域もはなはだ広うして、百八十八箇町、二万四五千戸の氏子を領すれば、神輿も氏子町内を分かちて、かわるがわるに渡御するなり。しかもなお四日を要すといえり。神輿は二基ありて、大いなるは、舁夫五十人をもって担ぐ。

子ども神輿　「新板だしづくし」（部分）　画者不詳　筆者蔵

大人の盛大な神輿に対して子どもたちも負けてはいない。背中に赤い巴が染められたかわいいはっぴに祭り襷、鉢巻きに白足袋、顔にはきれいに化粧をしたいなせないでたちで、黄色い声を張り上げて屋台を引き、また〈子ども神輿〉や〈樽神輿〉をかついで、「ワッショイワッショイ」と掛け声勇ましく町から町へと練り込む。次はその江戸流の掛け声。

ワッショイ　ワッショイ
ワッショイ　ワカショイ
ワッショイ　ワッショイ
ワッショイ　ワカショイ
もめもめもめや　塩まいておくれ
元気でもめや　景気をつけろ
ワッソーワッソー　ワカソーワッソー
ワッソーワッソー　ワカソーワッソー

東京祭りうた

小児の遊び（部分）　楊洲周延画　筆者蔵

山王祭り・神田祭りに浅草の三社祭りを加え東京の三大祭りという。そのほか都内いずこにおいても祭りはひじょうに盛んで、それぞれの町で子どもたちもりっぱな仲間となり、元気な掛け声を響かせて祭りに花を添える。

天王さまだ、お神輿だ、万灯つけろ、灯りをつけろ、ワッショイワッショイ、もめもめ。

なかにはこんなかわいい声も聞こえてくる。

よっちょい、わっちょい、天王さまよ、がちゃらんがちゃらん。

風流をさな遊び（部分）
歌川広重画　筆者蔵

小さい幼子たちも祭りには夢中で、おもちゃの万灯や神輿をかついで部屋を歩き回ったり、狐やおかめ・ひょっとこなどのお面をかぶって踊ったり、笛や太鼓・すり鉦《がね》（江戸では「当り鉦」という）などお囃子のまねごとをしたりして、早く大きくなって祭りに参加したい、そうした場面を夢に描きながら遊ぶ。その様子をかの広重も周延も見逃さずみごとに描いている。

テンテレスク　てんぐのめん
おかめにひょっとこ　はんにゃのめん

東京顔あそび

祭りの太鼓の「口唱歌《くちしょうが》」を用いた幼児の顔遊び・身振り遊びである。口唱歌とは、笛や太鼓の複雑な演奏技法を覚えるために暗唱するもの。参考までにその遊び方を書き添えておこう。

「テンテレスク」で両手を胸の前で糸を巻くようにぐるぐるまわし、または両手で太鼓を打つしぐさをし、「てんぐのめん」で両手のコブシを鼻の上に重ね、「おかめに」でほおを両手でおさえ、「ひょっとこ」で口にコブシを二つ重ね、「はんにゃのめん」で人差し指でツノをつくって頭の両わきにあてる。

涼風良夜の巻

朝顔　楊洲周延画　『幼稚苑』明治38年（1905）　筆者蔵

昼寝がだいじ

守りさ子守りさ　昼寝がだいじヨ
晩げ遅うまで　門に立つ　ハリコヤ
スイタカ　ジュンサイ
（楽譜167頁）
愛知子もりうた（『わらべうた』岩波文庫）

これは愛知県西加茂郡地方の子守唄である。子守唄といっても、いわゆる〈守子唄〉で子守娘の歌う一種の労働歌であるが、じつに美しい旋律で知られている。

朝早くから晩遅くまで子守りに明け暮れする身にとって、まだ自身育ち盛りの少女たちの睡眠不足はほんとうに耐えられない辛さであったろう、せめて昼寝ぐらいはという気持ちの表れである。

古来「寝る子は育つ」といわれるほどに、特に乳幼児には睡眠がだいじ、それはいつの時代も変わることはない。今は家の窓のほとんどに網戸が立ち、ハエも蚊も入らぬのが当たり前となったが、つい五十年ほど前までは

枕蚊帳　楊洲周延画　『幼稚苑』　筆者蔵

夜は蚊帳がなければ安眠できなかった。

幼い頃寝床にはいると、母親が蚊帳を吊ってくれ、そのときの吊り手の金具の涼しげな音が快かったことをなつかしく思い出す。蚊帳を吊ることで蚊に刺される心配もないのはもちろんであるが、その緑に囲まれた独特の空間は、みんなを昼間の現実世界から引き離す、何となく心安らぐ異次元の空間でもあった。そのような安心感は、昼寝のときの枕蚊帳でも同じであった。

ここに夏の幼児を描く周延の「朝顔」と「枕蚊帳」を、また同じ枕蚊帳でも明治のころと大正・昭和の時代

枕蚊帳　三代長谷川貞信画
『続浪花風俗図絵』

では用いられる材料が違い、構造も形も違ったことがわかる大阪の三代長谷川貞信の絵もあげる。

子どもにとっては、蚊帳は親そのほかのまわりの人からの愛情を感じる貴重な場を演出するものでもあったのだ。そんなときに、こんな子守唄が歌われるならいうことなしであろう。

ねんねこねんねこ　ねんねこや
ねんねこ　お母さんどこさ行た
里の土産になにもろうた
ぴいぴいがらがら風車
でんでん太鼓に笛鼓《ふえつづみ》
東《あずま》錦絵　京の雛
岩手

寝ろてばや　寝ろてばや
起き上がり小法師に風車持って
寝ろてば寝ろてば
ねんねや　こんぼうや
福島

この子の可愛さかぎりなし
天にたとえて星の数
山じゃ木の数萱《かや》の数
七里ヶ浜では砂の数
東京

坊やはいい子だ　ねんねしな
この子の可愛さ限りない
山で木の数萱の数　天へ上って星の数
沼津へ下れば千本松　千本松原小松原
松葉の数よりまだかわい
静岡（楽譜167頁）

ねんねころいち　天満の市は
大根《だいこ》そろえて舟に積む
舟に積んだら　どこまで行きゃる
木津や難波の　橋の下
橋の下には鴎がいるよ
鴎とりたや　網ほしや
網がゆらゆら　由良之助
大阪（楽譜168頁）

（『日本伝承童謡集成』より）

ほ　ほ　ほたるこい

ほ　ほ　ほたるこい
あっちの水は苦いぞ　こっちの水は甘いぞ
ほ　ほ　ほたるこい　山道こい
行灯《あんど》の光をちょいと見てこい

東京（楽譜168頁）

蛍狩り　鮮斎永濯画　『子供遊画帖』
明治21年（1888）　筆者蔵

蛍狩り　山本昇雲画　『子供あそび』明治39年（1906）　筆者蔵

ほ　ほ　ほだるこい
あっちの水は苦いぞ
こっちの水は甘いぞ
ほ　ほ　ほだるこい
ほ　ほ　ほだるこい
ほだるのお父《と》さん金持ちだ
道理でお尻がピカピカだ
ほ　ほ　ほだるこい
ほ　ほ　ほだるこい
昼間は草葉の露のかげ
夜はポンポン高提灯《たかぢょうちん》
天竺上がりしたなら
つんばくらにさらわれべ
ほ　ほ　ほだるこい
山道こい
行灯《あんど》の光をちょと見てこい

岩手（『東北民謡集　岩手県』）

この「ほたるこい」ほか、たくさんの東京のわらべうたをうたってくださった三井良尚さん（故人）は明治三十三年（一九〇〇）生まれ。元毎日新聞社の社員で詩人でもあり、『子どもの四季』というすばらしい本の著者でもある。三井さんのご自宅をたずねた私に、往時の思い出をしみじみと語られたやさしいお声が私の心から離れない。

「私の子どもの頃はネ、神田の三崎町界隈の裏猿楽町という所にいましてネ、甲武線ってその頃言ったんですネ、今の中央線ですネ、あれが御茶ノ水まで通ったんです。御茶ノ水の土手はネ、ずーっとススキなんかの生えてる原っぱだったんですよ。水がきれいで、坂道なんで、荷車の人足たちが上がってきて一息つくと、汲んだ御茶ノ水にお砂糖を入れて飲まして、一杯いくらといった商売があったんです。ホタルなんかもう家の庭までずーっと飛んで入ってきましたネ。とにかく東京がガラッと変わってしまったのは大正十二年の関東大震災ですネ、これで江戸は滅びたんです。」

廻り灯篭　楊洲周延画　『幼稚苑』　筆者蔵

廻り灯篭　山本昇雲画　『子供あそび』　筆者蔵

廻り灯篭と影絵遊び　鮮斎永濯画　『子供遊画帖』　筆者蔵

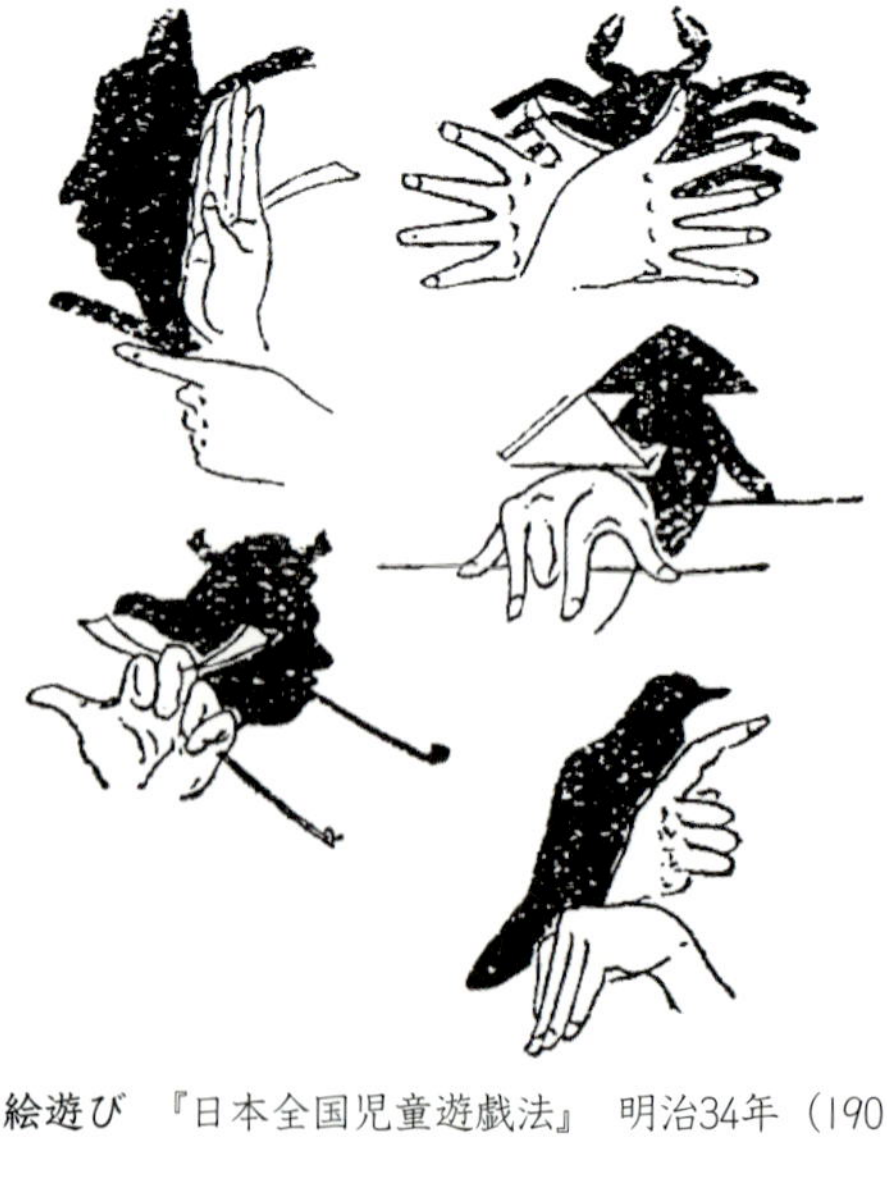

影絵遊び　『日本全国児童遊戯法』　明治34年（1901）

影絵遊び 宮川春汀画 明治30年（1897） 筆者蔵

夏の夜の怪談「百物語」の巻

こわい話とお化けごっこ

「百物語」というのは、夜、数人が集まって、行灯《あんどん》に百本の灯心を入れ、または百本のろうそくに火をつけて怪談を語り合い、一つの話が終わるごとに一つ灯を消していき、最後に暗闇になった時化け物が現れるとされる遊びである。元は室町時代に始まり、江戸時代には特に武士たちの間で練胆の会として流行したといわれ、元禄時代鳥取藩の武士、野間義学の民俗記録にも「怪談記」があって、五十五編もの怪談が記録されている。（尾原・大嶋・酒井共編『古今《こきん》童謡を読む—日本最古のわらべ唄集と鳥取藩士野間義学—』今井出版刊参照）それがいつしか子どもたちの遊びに変わっていく。

「もういやだ。早く帰ろうよう。」

「おいらは一番強いがお化けは嫌いだ。隠しておくれ。」

「長太がついておりますから大丈夫でござります。お泣きでない、お泣きでない。」

などと、この絵からは子どもたちのおびえた叫び声や泣き声が聞こえてくる。

子供あそび百ものがたり（部分）
画者不詳　筆者蔵

百物語　鮮斎永濯画
『吾妻余波』明治初期

私も子どものころそんなこわい経験をしたことがある。近所の遊び仲間三、四人で幽霊の本を読んでいた時、急に誰かが「お化けだ」と斜め上の方を見て叫んだ。見ると階段の天井口から白い物が垂れ下がり、それがお化けの手に見え、まさに身が震えるほどに怖かった。そんな時は集団心理も働くのか怖さが倍増する。また、友人の父が農協の組合長で私もよく知った人であったが、その人の家は里山の峠を越えた所にあり、ある雨の晩、その谷合の暗がりの夜道を歩いて帰る時〈火玉〉が飛んできた。出雲では人魂のことを火玉という。それがこうもり傘に取り付いて振り払おうとしても離れず、傘いちめんに散らばったという実話も聞かされた。

お化けごっこ　「江戸遊戯画帖」津田久英画
『図録江戸風俗遊戯絵巻』横浜歴史博物館

お化けごっこ　「隅田堤花盛　子供遊の図」（部分）
画者不詳　筆者蔵

野間義学の「怪談記」から

前述の野間義学録、元禄ころ鳥取藩「怪談記」から二話を紹介する。

（原文を要約、カタカナをひらがなに、また適宜常用漢字に替え、現行仮名遣いに改めて表記する）

第一話「中井五郎兵衛、幽霊ニ逢事」

　中井五郎兵衛、江戸への御使者相勤むとて、相州箱根の辺にて、その日は甚だ雨天にて駕籠も雨具にてまわして行きたりしに、向こうより草履取りの小者あわただしく来たり、中井五郎兵衛様にて候やと尋ぬ。下人その通り、どなた様よりお尋ね候やと尋ねければ、佐分利新右衛門にて候と言い捨て行く。

　もとより中井は佐分利と親しければ駕籠を止めて待合いする所に、とくさ色の甲頭巾を被りて乗りかけ馬にて早打ちに通り来る者あり。定めて新右衛門ならんと待つ所に、間近く来たり五郎兵衛かと云いて、見上

化けものがたり　国明門人画　『近世子どもの絵本集 江戸篇』岩波書店

ぐれば先方乗り違えて行き過ぎぬ。佐分利新右衛門は一両年前に死にたり。

中井はこれを知らず、この物語を何心なく語りけるに、佐分利が死去のことを知りたる者語り伝えて、中井は幽霊に逢いたると取沙汰ありし。

第五十四話「百物語之事」

播州姫路城御天守にて百物語仰せつけられ、九十九に至る時、窓より人の生首を投げ入れたり。何者の仕業とも知れず、その首も誰が首とも知られざりしと。

（『鳥取県立博物館研究報告第四〇号』二〇〇三　福代宏氏翻刻による）

化けものの唄

江戸時代の赤本や豆本など、子ども向けの絵本には化け物が多い。子どもたちがいかに「こわいもの見たさ」といった点で今も昔も変わらないかを示しているようでほほえましい。まず江戸後期の豆本から、お化けが何とわらべうたや子守唄をうたうといった奇抜な趣向の例を挙げる。

この絵は「化けものがたり」の一場面で、歌舞伎舞踊の山姥《やまんば》物になぞらえたもの。

足柄山の怪童丸（金太郎）の育ての親の山姥《やまんば》が、でんでん太鼓をたたきながら

「あの山越えて、この藪越えて、化けに来た」

と子守唄をうたう。すると怪童丸は一つ目小僧に化けて

「かァごめかごめ、夜の明けぬうちに、住み家の藪へ、ずるずるつっへいた」

とうたう。一方の源頼光ならぬ山賤《やまがつ》（きこり）は「小僧、もっと踊れ、踊れ」とはやす。それを見入る客席の面々もそれぞれに化け物なのだ。

（『近世子どもの絵本集　江戸篇』より）

次は関西人なら誰でも知っているわらべうた「豆狸《まめだ》」の絵。俗に「たぬきのきんたま八畳敷」というあれである。狸はその八畳敷でもって人をだますとされてきた。それにちなんで、関西では雨が降り出すと、

豆狸　竹原春泉斎画『絵本百物語』
天保12年（1841）　国書刊行会

「雨のショボショボ降る晩に、
豆狸《まめだ》が徳利もって酒買いに」

とうたうことが広まった。そのあとに、大阪などでは「酒屋のぼんさん泣いていた、なんで泣くかと聞いたらば、豆狸のお金が木の葉ゆえ」とか、「酒屋のかどで瓶割って、いんでお父《と》さんに叱られて、おまん三つで泣きやんだ」などと続けられ、ある種、雨の夜の情緒ともなっている。

遠野の河童とザシキワラシ

昔話で知られる岩手県遠野地方には、川に住むという妖怪、河童《かっぱ》の話や、家にいつのまにか居座って、その家を裕福にするザシキワラシという子どもの精霊の話がたくさん伝承されている。

明治時代、それらの貴重な民俗に目覚めた佐々木喜善が、一生懸命に多くの人々から聞き集めた伝説や昔話は、まず柳田國男に伝えられ『遠野物語』としてまとめられて一躍有名になる。また本人も『聴耳草紙』や『老媼夜譚』そのほかの著述で貴重な記録を残し、民俗学の草分けの一人としての偉業をなしとげた。

次にそのなかから河童とザシキワラシの各一話を紹介してこの巻をしめくくろう。

橋野の沢檜川の川下には、五郎兵衛淵という深い淵があった。昔この淵の近くの大家の人が、馬を冷やしにそこへ行って、馬ばかり置いてちょっと家に帰っているうちに、淵の河童《かっぱ》が馬を引き込もうとして、自分の腰に手綱を結えつけて引っ張った。馬はびっくりしてその河童を引きずったまま、厩《うまや》にはいり、河童はしかたがないので馬槽《うまふね》の下に隠れていた。家の人がヤダ（飼料）をやろうとして馬槽をひっくりかえすと、中に河童がいて大いにあやまった。これからはけっしてもうこんな悪戯をせぬから許してくださいといって詫び証文を入れて淵へ帰って行ったそうだ。その証文は今でもその大家の家にあるという。

（柳田國男『遠野物語拾遺』一七八）

河童　葛飾北斎画　『北斎漫画三編』
岩崎美術社

土淵村字本宿にある村の尋常高等小学校に、一時ザシキワラシが出るという評判があった。諸方からわざわざ見に来たものである。児童が運動場で遊んでおると、見知らぬ一人の子供が交じって遊んでいたり、また体操の時など、どうしても一つよけいな番号の声がしたという。それを見た者は、常に尋常一年の小さい子供らの組で、それらがそこにおるここにおるなどといっても、他には見えなかったのである。遠野町の小学校からも見に来たが、見た者はやっぱり一年生の子供らばかりだったそうである。毎日のように出たということである。明治四十五年頃の話である。

（佐々木喜善『奥州のザシキワラシの話』）

これとよく似た話が、宮澤賢治の「ざしき童子《ぼっこ》のはなし」にも出ている。

虹の橋

（京都）宇治市

ねぶたコ

（青森）弘前市

よちゃこの灯籠

(秋田) 秋田市

七夕さまよ

(神奈川) 厚木市

天の七夕

(愛知) 知多郡

盆ぼん

（長野）松本市

ぼんぼん　とてもきょうあすーばかり
あさってはおやまのしなれーーぐさ
しなれたくさをやぐらにーのせて
ぼたんのはなはちってもーさくが
したからおみればぼたんのーはな
なさけのおはなはきょうばーーかり
なさけのおはなホイ　ホイ　ここらのまちが
うみならーよかろ　せんごくーぶねに
だんじゅうろうをーのせて　すみからーすみへ
ひきまーーわす　すみからすみへホイ　ホイ

盆ぼん盆の

（東京）江東区

盆ならさんよ

（愛知）知多郡

さのやの糸桜

（京都）京都市

おんごく

（大阪）大阪市

おんごく なはは なははや おんごく
なはよい よい なにが やさしや
ほたるが やさし くさの はかげー
これが かねなー
ーで ひを と もす アリャリャ コリャリャ
ーら おびか おか アリャリャ コリャリャ
To Coda
サアサ ヨイヤサ うちの となりの
サアサ ヨイヤサ うまに のろとて
かけの ちょっぴりこで
いしゃに かけよか
いしゃも めいしゃも
ちゅうたろ さんは あのやま こよか
うまから おちて このやま こよか
てのひら ついて
めいしゃに かきょか
ごむよで ござる
D.S. al Coda
さいの かわらで ごいしを ひろて
すなで みがいて おもやへ あげて
Coda
いちおいて まわりゃ こちゃいちゃ たてぬ
に おいて まわりゃ こちゃにわ はかぬ
てんま ならこそ いちたて まする
でっち ならこそ にわはき まする

きせない

（滋賀）彦根市

さんさい踊り

（富山）富山市

山王のお猿さん

（東　京）

さん　のーーうの　おさるさんは　あかい
おべべが　だい　おーーすき　テテシャンテテシャン
ゆうべ　えびすこうに　よばれて　いっ　たら　たいの
すいもの　こだいの　はまやき　いっぱい　おすすら
に　はい　おすすら
すーーすら　さんばい　めには　なぬしの
すーーすら
ごんべさんが　さかなが　ないとて　おは　らーー
だち　ハテナ　ハテナ　まずまず　いっかん
おんかしもーうした　せんそん　せんまん　そんせん

守りさ子守りさ

（愛知）西加茂郡

この子のかわいさ

（静岡）沼津市

天満の市

A

(大阪)

B

大阪市北区

ほたるこい

(東京) 千代田区

秋

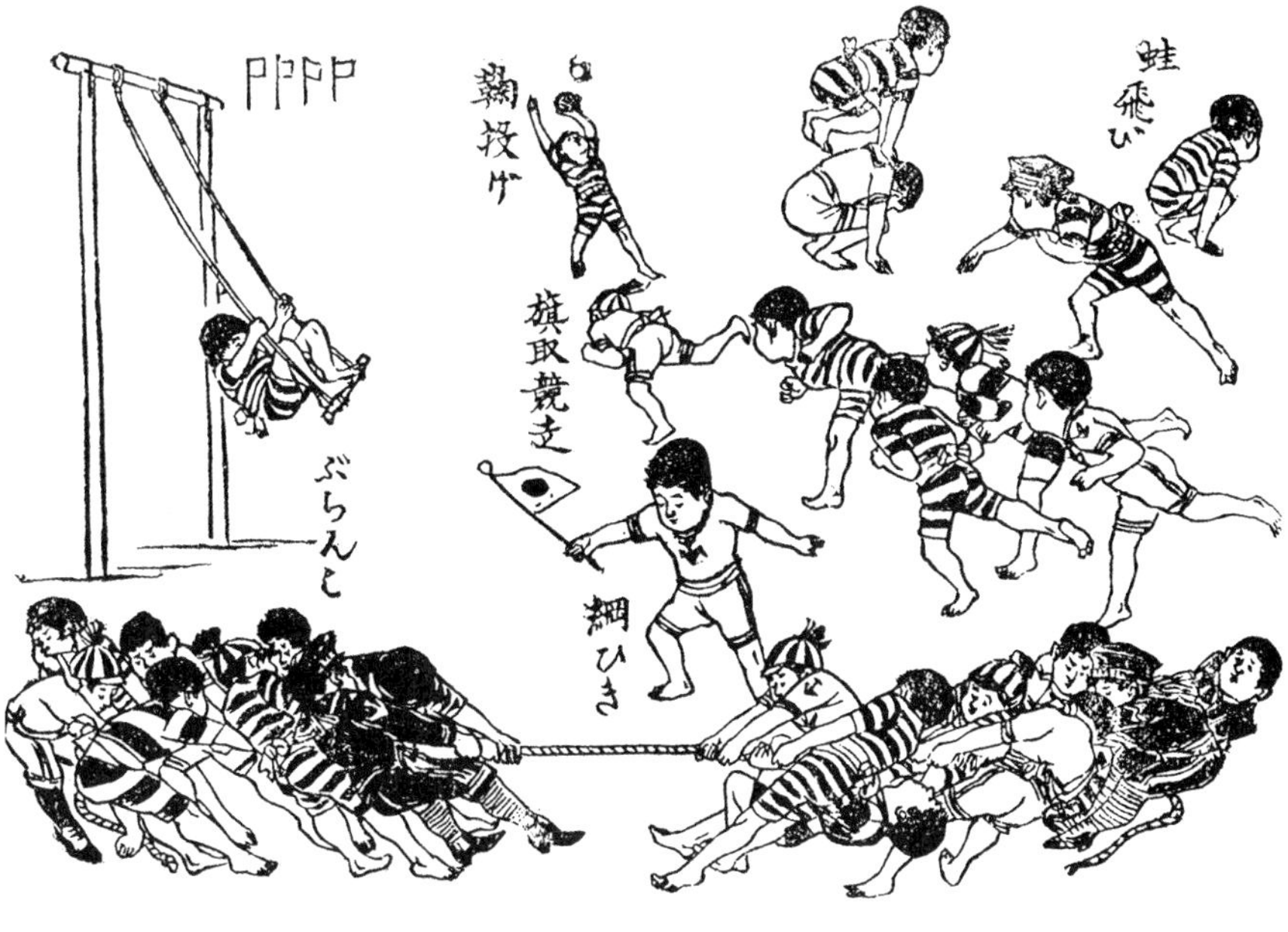

中扉・上／子どもの外遊び（二）　松本洗耳画　『東京風俗志』（明治）

袴着　七五三の宮参り　勝川春潮画　『絵本栄家種』

恵比寿講　鮮斎永濯画　『江戸年中行事図絵』

旧暦十月二十日に商家で商売繁盛を願って恵比寿を祭るのが恵比寿講。恵比寿や大黒天の掛け軸を掛け、供物を捧げて盛大に祝宴をひらいた。「ゆうべ恵比寿講に呼ばれて行ったら」と手毬唄にもうたわれる。

秋の絵暦・うたごよみの巻

秋来ぬと　目にはさやかに見えねども
風の音にぞおどろかれぬる
藤原敏行『古今和歌集』

ミンミンゼミやアブラゼミ、ニイニイゼミなど、にぎやかに鳴き競っていた蝉の声も、秋が近づくとツクツクボウシや、カナカナカナカナのひぐらしの合唱に変わり、やがて夏の蝉の声のシンフォニーから、秋の夜の虫の声のセレナードへ。ようやく訪れる秋。猛暑からの解放とともに、日本の四季の移り変わりのありがたさをしみじみと思う。

「あれ松虫が鳴いている　ちんちろちんちろ　ちんちろりん　あれ鈴虫も鳴きだした　りんりんりんりん　りいんりん　あきの夜長を鳴き通す　ああおもしろい虫のこえ」と、つい口ずさむ。

私など田舎でも町家の者には、土間の隅から聞こえるコオロギやスズムシの声の美しさに心をうばわれはすれ、松虫やくつわ虫、馬追いといった虫は歌だけの幻の世界で想像するしかなかった。ところが上京して石神井

虫聞き

閑かさや　岩にしみ入る　蝉の声
松尾芭蕉『奥の細道』

虫聞き　道灌山虫聞之図（部分）
歌川広重画『東都名所』

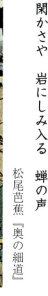

公園の林のなかに住んだとき、草むら一面「ガチャガチャガチャガチャ」のクツワムシのけたたましい、まさに〈音〉。そして玉川上水の樹木に鳴くマツムシの透きとおった声に耳を傾けて、虫の声にもずいぶんと地域の違いがあるものだということを知ることができた。江戸では何と月の出とともに虫の声を楽しむ〈虫聞き〉といった、ぜいたくで粋な行事や、それにまつわる名所まであったのには、さすがと驚かされる。

虫売り　どうげ百人一首　江戸中期　享保頃
よく鳴くのをあげてください
まんさまぜぜ（銭）やらしゃい
さあ上げませう

風の祭り

暦の「処暑」を過ぎて、猛暑からやっと解放される頃、今度は台風の災害がやってくる。今の九月一日前後、立春から数えての「二百十日」あるいは「二百二十日」がその主だった日とされ、各地で風の神が祀られ、風鎮めを祈願する〈風祭《かざまつ》り〉が行われる。有名な富山八尾の〈風の盆〉もその一つ。大風を吹かせる悪霊を夜通しの踊りとともに追い出そうというのだ。それらは農民にとって、その年の稲や作物の作柄を大きく左右する、いわば命にかかわる事象であり、その災厄を逃れる手立てでもあるので、子どもたちもその一役を担った。

二百十日の祭りよ　西を向いて祭るよ
二百十日の祭りよ
二百十日の風をば　西の方さ祭るよ
二百十日の祭りよ

（楽譜207頁）
岩手県稗貫郡大迫町わらべうた（現花巻市）

ここに掲げるのは西鶴の『諸艶大鑑《しょえんおおかがみ》』に載る京都島原の子どもたちが「風の神」を送る図。じつはここでの「風の神」は〈はやり風邪〉で、疫病神の退散を願い鉦や瓢箪《ひょうたん》をたたき、幣串を振って町を歩きまわった後、川に流すところ。二百十日の風の神の祭りの古俗をまねたものと思われ参考になる。

風の神送りの図　井原西鶴『諸艶大鑑』
貞享元年（1684）

月見

月見　葉月乃良夜　十二ひと絵　楊洲周延画

十五夜のお月さま　早よ出ておじゃれ
子どもはハ喜び　サマー　綱を引く
ハヤントセ　ハヤントセ
鹿児島県枕崎市　十五夜綱引きうた（楽譜207頁）

月見　昔風俗年中双六　吟光画　筆者蔵

十五夜の晩に九州・沖縄地方では各地で盛大な綱引きが行われる。多くは地区対抗で行い、勝負の方角により農作物の作柄や漁の豊凶を占う。南九州では、大綱の左右にムカデの足のようにたくさんの手綱《てづな》をつけ、それを子どもたちがめいめい一本ずつ持ち、大勢で綱引きうたをうたいながら村中を引いて歩く。

十五夜綱引き　住吉重光画
久保けんお『南日本わらべうた風土記』

提灯競争

杓子競争

網くぐり

玉入れ競争　上條義守画
筆者蔵（以下同）

運動会

秋といえば運動会。近年筆者が入手した掛け軸〈肉筆明治子供遊戯図〉が、たいへん面白いので、いくつか選んで紹介する。画者は「義守」とあるのみで詳細が不明であったが、松本市美術館のご協力も得て調べていくうちに次のような人物であることがわかった。

上條義守　明治九年（一八七六）～昭和四十二年（一九六七）。長野県東筑摩郡山辺村（現松本市里山辺）生まれ。須々《すす》岐水《きがわ》神社宮司。明治三十三年（一九〇〇）岡谷小学校に図画教師として勤務。休暇を利用して上京し、東京谷中の日本美術院に学ぶ。「闘鶏の図」「狂女の

宮参り　「狐嫁入」　鈴木春信画
藤沢衛彦編『民俗版画』

図」二点、松本市美術館収蔵。

以上によりこの掛け軸は、明治・大正期の子どもの遊びをまとめた風俗画であり、その後筆者入手の「九十九童」とともに、西洋におけるウイーン美術史美術館収蔵のブリューゲルの「子どもの遊び」とも対照できる貴重な図であるといえる。

宮参りと七五三

ねんねなされませ　今日は二十五日
あすはお前の　誕生日《たいじょにち》　誕生日
誕生日には　赤いまま炊いて
赤い飯には　とと添えて　とと添えて
赤いべべきて　赤いじょじょはいて
連れて参ろか　ののさまへ　ののさまへ
連れて参ったら　何というて拝む
一生この子が　まめなよに　まめなよに

京都子もりうた（楽譜208頁）

七五三　画者不詳　『風俗十二月』　筆者蔵

男児は三十一日目、女児は三十三日目に至りて産土神詣《うぶすなまいり》をなす。

古えは男女共に三歳に至れば、髪置の儀を行いしが、今はその名あるのみにて、唯赤飯などをたきて祝うに止るなり。後、男は五歳にして袴着の儀を祝い、女は七歳にして帯解の儀を祝う。いずれも十一月十五日を以て、当日には其の児をして産土神詣なさしむ。

平出鏗二郎

『東京風俗志』

宮参り　『風俗画報』

赤ちゃんが生まれた日を一日目として数え、多く男の子は三十一日目、女の子は三十二日目に産土神の神社にお宮参りをする。じっさいには生後三十日目を過ぎてから都合の良い日を選んでお詣りする例も多い。山田耕筰の「中国地方の子守唄」でも知られるように、関西から中国地方にかけての所々の子守唄に「今日は二十五日明日はこの子の宮参り」とうたう例がある。「二十五日」とうたうのは語呂のよさが関係しているのではないかとも考えられる。

夜あるき 山本昇雲画 『子供あそび』明治39年（1906） 筆者蔵

「お月さまいくつ」の巻

名月と子どもたち

今まさに顔を出したばかりの満月。

真向に名月照れり　何はじまる 西東三鬼

という句がある。この絵にふさわしい、静かさのなかにも、今何かが動き出す気配。隅田川の川岸であろう、手に手に小提灯や虫かごやお花を持った子どもたちが、遠く近く、手をつなぎ道いっぱいに歩きながら、まんまるいお月様を眺め愛でている。

背中に小さい弟や妹をおんぶする子。子どもたちの無邪気な笑顔。提灯の灯りに映える着物の美しさ。幻のようにシルエットを描く家々の屋根と障子の灯り。そこにも月の出を喜びうたいさわぐ人々がうごめく。すべてが生き生きと動いている。すべてがのびのびと息をしている。

どこからか「お月さまいくつ」の幼い歌声も聞こえてくる。まさに平和なユートピア（理想郷）の世界ではないか。もういちどこんな光景を目にしたい。もういちどこんな良夜を子どもたちに味わってもらいたいものだ。

夏目漱石も、 **名月や故郷遠き影法師** と詠じ、かつて小林一茶も、 **名月を取てくれろと泣く子かな** と、月と子どもの名句を残した。ここで、あえて一茶の句をもう一句。**雪とけて村一ぱいの子どもかな** 失礼ながらこの初句を「名月や」に置き換えてみれば、この絵の情景にぴったりではないか。

鶴《つう》ちゃんの「お月さまいくつ」

ここは江戸下町の銭湯。金兵衛さんが、六つの男の子と三つの妹鶴《つう》と一緒にお風呂に入っている。

兄「おとつさんモウ出よう
金「まだ〳〵　モツト温《あつたま》て
兄「それでもせつねへものを
金「ナニおとなしくねへ。鶴《つう》はこれほどおとなしいものを。サア〳〵　兄さんも鶴も歌をうたひな
兄「おウ月さまいイくウつウ　十三な、つ
金「そりや
兄「まだ年《としや》わアけへなア
金「あの子をうんで
兄「この子をうんで
金「サア〳〵　鶴《つう》もうたひな
妹「おまんだかちょ
金「ヲヽ〳〵　おまんにだかしよ　それから
妹「太鼓あって
金「ナニ〳〵　まだサお万どうけつた
兄「油買《あぶらかひ》に茶ア買《かひ》に
金「アリヤ兄さん上手だよ
兄「油屋の椽《えん》で
妹「氷張《こいあつ》て
金「ヲヽ氷《こほり》が張《は》つて
兄「すべつてこヲろんでヱ

金「あアぶら一升《いっせう》こウぼしたア
金「サア鶴《つう》もいひなその油《あぶ》どうちたト。サアいひな
「次郎どんの犬と
兄「わアい〳〵　おとつさん違つたア。太郎どんだものを
金「みんな嘗《なめ》て
妹「ちイまつた

お月さまいくつ　静斎英一画
『幼稚遊昔雛形』天保15年（1844）

金「おとつさんは忘れますのうハヽヽヽヽ
兄「其犬《その》どうした
金「サア〳〵　そこだ〳〵
妹「たいこ張《あつ》て
兄「あっちら向《むい》ちゃアドドドン
金「こっちらもドドドン
兄「さうじやアねへ。こっちら向《むい》ちやアどゞどん
金「ホイさうか。アどん〳〵どんよ　サアあがりましよ。

これは文化六年（一八〇九）刊、式亭三馬の『浮世風呂』の一節で、まさに銭湯での実況中継のワンカット。お風呂の中で親子三人が「お月さまいくつ」をうたう心和む場面で、幼い妹鶴《つう》がたどたどしい口調でうたうのが、じつにリアルでほほえましい。
ちなみに、その前にもう一つ注目したい会話がある。
妹「坊おんぶ」
金「ヲヽ、ヲヽ、坊はちゃんにおんぶ。兄さんはあんよ。」

この「坊」は女児をさし、妹は自分のことを「坊」といっている。このように江戸では幼児であれば男女ともに「坊」といった。だからおなじみの江戸子守唄の「坊やはよい子だ」は、女の子に歌われてもまったく違和感はなかったのである。

『童謡集』の「お月さまいくつ」

それでは釈行智の『童謡集』から江戸の「お月さまいくつ」の完成形を見ておこう。

（注）原本の長音記号「引」を「ー」で、また区切りの「。」は一マス空きで表示。

○子守唄　これは寝させ唄也

ねエ、んねーんねんねこよ　ねんねのおもりはどーこいたア　やーまをこーえてさーといてー　さーとの御みやになにもろたー　でん〱太鼓に笙のふえー　おきあがりこぼしにふりづゞみー

○子守唄　これは目ざめ唄也

おー月さーまーいくつー　十三七つ　まだとしやーわーかいなー　あの子をうんで　この子をうんで　だーれにだかしょ　お万にだかしょ　おー万どこいたー　油かいに茶ーかいに　油屋の縁で　氷がはって　すべってこーろんで　油一升こーぼして　次郎どんの犬と太郎どんの犬と　みんなめてしーまった　その犬どうした　太鼓にはって　あッちらむいちゃーどんどこどん　コッちらむいちゃーどんどこどん

（楽譜209頁）

『童謡集』文政三年（一八二〇）成より

『童謡集』の編者、釈行智は安永七年（一七七八）生まれ。江戸浅草福井町、銀杏八幡《いちょうはちまん》別当《べっとう》覚吽院《かくうんいん》の修験僧で、ちょうど『浮世風呂』の式亭三馬と同時代で、同じ下町の住人。

その序に「行智がいとけなき時うたひてあそびたるをおもひ出して、書（き）附（け）おく也。」とあり、そ

の幼少期は、天明から寛政初年（一七八一～八九）にかけての時代にあたる。したがって『童謡集』の唄の多くはその時代の唄と考えていいだろう。

行智は悉曇《しったん》学、つまりインドの仏教的音韻学に通ずる学者でもあったから、その記録は綿密で正確なものと思われ、さらに子守唄を「寝させ唄」「目ざめ唄」「あそばせ唄」に分類しているのも注目される。

「おもへば昔なりけるよ。まだ此ごろのやうに思ふてゐたのに、とはいふもの、年は取（り）ても気はいつもわかく、やっぱり子どもと一所にあそびたひ心もち也。」と述べるあたり、わらべうたの書き留めに際しての行智の子どもをいとおしみ、童心をなつかしむ心情が、簡潔に表現されていて深く私たちの胸を打つ。

『古今童謡』の「お月さまなんぼ」

平成二八年（二〇一六）の夏、私共、尾原昭夫・大嶋陽一・酒井董美三人が共著で『古今童謡《こきんどうよう》を読む』という本を今井出版から刊行した。『古今童謡《こきんどうよう》』は鳥取藩士、野間義学が残した日本はおろか世界最古のわらべ唄集（鵜野祐介氏）とされる貴重な記録、享保一七年（一七三二）成「筆のかす」の写本。今まで最古とされた行智『童謡集』より九十年ほどもさかのぼる元禄・享保時代のわらべうたの収録である。そのなかにも「お月さまいくつ」の鳥取藩での唄が載っているので、ここに紹介しておきたい。

お月さまなんぼ、十三七つ、なゝをり着せて、
京の町に出いたれば、笄《かうがい》落とす、はな紙おとす、
笄紺屋《こうや》の《ガ》ひらう、はな紙花屋がひろう、泣けど
もくれず、笑《わろ》うてもくれず、なんぼ程な殿じゃ、
油つぼから引き出いたやうな小男〱。

戦国時代、天文二十年（一六五一）の『俳諧昆山集』にも「お月さまやいくつ十三七ツ時　吉時」とあって、「お月さまいくつ」の伝承の古さを知ることができるが、同時に難解とされる「十三七つ」の意味についても、その解答をこの俳諧が示しているように思われる。つまり「十三七つ」は月齢の「十三日の七つ時」で十三日の午後四時頃の意味と考えるのが自然だと思われる。

年中行事八月　月見　画者不詳　筆者蔵

夕暮れ時の東の空に輝き始める月齢十三日ほどの月を、若く美しい女性に見立ててうたいかける、これはじつに詩情豊かな唄なのだ。「十三夜」をもう一つの名月とし、また沖縄八重山の子守唄に「月ぬ美《かい》しゃ十日《とウか》三日《みいか》乙女《みやらび》美《かい》しゃ十七《とうなな》つ」（楽譜210頁）とうたう日本人独特の美感がその底辺にある。

江戸と鳥取、いずれも尻取り式に言葉を継いで発展させる形式をとるのは共通しているが、後に続く「ななおり着せて」以下の歌詞からは、「お万どこいた」とは系統を別にしている。「油つぼから引き出いたやうな小男」という変わった表現に驚かされるが、それは美しくつやつやした美男の表現で、宝永頃の歌謡集『落葉集』に載る「祇園町踊之唱歌」にも、鑓権三《やりのごんざ》を誉める一節として見えている。

かいろが鳴いたからかーいろ

ここに何の説明もいらない、すぐれた幼年文学がある。中勘助の大正二年（一九一三）新聞連載の『銀の匙』。しばし、その一節をごゆるりと熟読、玩味していただきたい。

……遊び場のすみには大きな合歓《ねむ》の木があってうす紅いぽうぽうした花がさいたが、夕がた不思議なその葉が眠るころになるとすばらしい蛾がとんできて褐色の厚ぼったい翅をふるわせながら花から花へと気ちがいのようにかけまわるのが気味がわるかった。合歓の木は幹をさすればくすぐったがるといってお国さんと手のひらの皮のむけるほどさすったこともあった。
夕ばえの雲の色もあせてゆけばこっそりと待ちかまえてた月がほのかにさしてくる。二人はその柔和なおもてをあおいでお月様いくつをうたう。
「お月さまいくつ、十三ななつ、まだとしゃ若いな……………」
お国さんは両手の眼で眼鏡《めがね》をこしらえて
「こうしてみると兎がお餅ついてるのがみえる」
というので私もまねをしてのぞいてみる。あのほのかなまんまるの国に兎がひとりで餅をついてるとは無垢にして好奇心にみちた子供の心になんというられしいことであろう。月の光があかるくなればふわふわとついてあるく影法師を追って　影やとうろ　をする。伯母さんが
「ごぜんだにお帰りよ」
といって迎いにきてつれて帰ろうとするのを一所懸命足をふんばって帰るまいとすればわざとよろよろしながら
「かなわんかなわん」
といってだましだましつれてかえる。お国さんは
「あすまた遊んでちょうだいえも」
という伯母さんに　さようなら　をして帰るみちみち
「かいろが鳴いたからかーいろ」
という。私もなごりおしくておなじように呼ぶ。そうしてかわるがわる呼びながら家へはいるまでかわるがわる呼んでいる。

月見と菊の節句の巻

名月と雁と双眼鏡

月見　新雁落（部分）　楊斎延一画
明治23年（1890）　筆者蔵

前章でもふれた中勘助の『銀の匙』、月を見上げるお国さんの一節、

お国さんは両手の眼で眼鏡《めがね》をこしらえて

「こうしてみると兎がお餅ついてるのがみえる」

というので私もまねをしてのぞいてみる。あのほのかなまんまるの国に兎がひとりで餅をついてるとは無垢にして好奇心にみちた子供の心になんというられしいことであろう。

ここにあげる延一《のぶかず》の絵ではそれが双眼鏡だ。それはまるで明治の文明開化の波を象徴するようにも思える。その視線の先、美しい月には雁の群れがかかり、まさしくそこに伝統の美と文明との共存といった、多少の違和感をおぼえさせるのは否めない。

ちょうどその時代の東京の子どもの風俗についての貴重な記録があるので、ちょっと長いが次にあげておきたい。

憲法公布後、児童の謡ふ童謡や西洋曲譜の唱歌に遷って行った傾向は、この頃におけるコドモの世界の大事件の一つといへる。かへりみるに、明治の交通は、都路の小路など、頗る緩漫なものであった。そこの大路、小路を、わが物顔に占領して、まはりまはりの小佛は　なぜ丈《せい》がひくいな　親の日に魚食《とと》って　それで丈がひくいそな。だの、又は、お山のお山のお紺さんは　どこ行った　隣りへお薯たべに行きました　お、をかし　お、をかし。だの、「おしりの用心、御用心。今日は二十八日。」などうたってゐた町の子の往来遊びが漸くはばまれ出したのは明治六七年後からである。それでもまだ、「ここはどこの細路ぢや　天神さまの細路ぢや。」と、露路などを一杯にして、遊戯する余裕があった。わけて、「芋虫ころころ」や「草履きんぢよきんぢよ」や、「子を捕ろ子捕ろ」などする広場や、鬼事する広っぱは方々にあった。紙鳶は春風にうなりを立ててゐた。追羽子は安心して往来でやれた。物売の屋台も、片すみながら、往来で子供を集め、覗きからくりもここそこに繁昌してゐた。子供の遊びにも、いろいろのものがあった。子供のうたふ童謡にも、いろいろのものがあった。自然をうたへるもの。遊戯にともなふもの、流行童謡といって、何の意味もなく、又、大人の群から児童の群に移って来たものなどがあったが、昔からの伝統を、そのまゝ温存してゐるものも沢山あった。（中略）蛍は、四谷、牛込、小石川、麹町などでも見られた。蛍《ほうたる》来い　あんどの光りをちょいと見て来い。

藤澤衛彦著『明治風俗史』昭和四年（一九二九）

明治初期の東京の子どもたちの状況、遊びとわらべうたの世界が、まさに目に見えるように生き生きと描かれている。

ちなみに、同様の蛍のうたを、かの樋口一葉もその「につ記」に、湯島の旗本の家に乳母として奉公した母からの子守唄とともに「わらべ哥」として次のように書き留めている。

ほーたる来い　山ミてこい
あんどの光りを　ちよいとミて来い

雁にうたう

月に雁は昔から秋の画題の定番である。雁は「がん」とも「かり」とも読む。いずれもその鳴き声からの名といわれるが、わらべうたでの雁はほとんどが「がん」である。子どもたちは真っ先にその雁の群れの飛ぶ形に目を向ける。一文字の形で飛ぶかと思うと、への字に形を変えたりする、その仲間どうしの統率のみごとさに感動するのだ。

とっさに子どもたちは、

「鉤《かぎ》になれ、竿になれ」

「帯になれ、たすきになれ」

などと大声で呼びかける。

古くは鷺流狂言の『養老水』にも「やよ、雁金《かりがね》通れ、棹《さお》になって通れ」とある。

明治二十五年（一八九二）伊澤修二編の唱歌教科書『小学唱歌二』には、「かり」と題し、「かりかり渡れ

大きなかりは先に　小さなかりは後に　仲よくわたれ」

と、唱歌として載せられた。

金田一春彦氏は『森鴎外の「雁」は、上野の不忍池に雁がたくさん降りたことを述べているが、大正のころまでは、東京でも空を飛ぶ雁の群をいくらでも見ることができ、子どもたちが歌で呼びかける恰好の対象だった。』と、ご自身の記憶と重ねて解説され、さらに、この伊澤修二編の『小学唱歌』六冊について、「歌は、外国曲が相変わらず多いが」と前置きしながらも、「この教材で一番目立つところは、『小学唱歌集』（文部省音楽取調掛編、明治十四〜十七年文部省発行の三冊）で顧みられなかったわらべ歌を多数取り入れたことで、たしかに子どもに音楽に親しませるためには子どもが日ごろ歌っているそういう歌を活用しなければおかしかったので、これは伊沢のよい着想だった。」と述べておられる。

（『日本の唱歌　明治編』講談社）

この「かりかり渡れ」の先行文献としては、尾原昭夫・大嶋陽一・酒井董美共著『古今童謡を読む』今井出版刊の元禄時代鳥取藩士野間義学採録のわらべうたに次のように載る。

跡《（後）》のからす先になれ
先のからす跡になれ

これは雁を烏に置き替えたもの。また同書に「棹《さお》になれ　ひつになれ」ともある。日本歌謡史の権威、真鍋昌弘氏は著書『わらべうた』で、雁の唄について「一ばん後からいっしょうけんめいおくれまいとしてついて飛ぶ雁やけなげな幼い雁などを、人間の心で励まそうとする子供なりのうっすらとしたおもいやりを認めることができる」と、唄にひそむ幼心のやさしさにふれておられる。

風流十二月　八月　石川豊雅画　筆者蔵

うさぎうさぎ

月にうさぎが住むという話は、インドの仏教説話『ジャータカ』にも見られるように、数千年もの昔からアジア各地に広く伝えられてきていて、それがわが国では「うさぎが餅を搗く」姿として子どもたちにはとてもなじみぶかい。

旧暦八月十五日の晩、名月のもと、みんなでうさぎになって跳びはねる遊びをするならわしがあった。その時にうたうのが「うさぎうさぎ」である。

うさぎうさぎ　なにょ見てはねる
十五夜お月さま　見てはアねる　（楽譜211頁）

うたに合わせしゃがんでピョンピョンと跳ねまわる、ただそれだけのことだが、年に一度の美しい月の光のもとでの遊びが、どれだけ子どもたちの心に大切な思い出となったことか。

ここにあげる石川豊雅《とよまさ》の絵でおもしろいのは、なぜかうさぎでなく「芋虫ころころ」の遊びが描かれていること。しゃがんで遊ぶところの形が近いので、実際に「うさぎ」から「芋虫」へと遊びをつなげていくこともあったかもしれないし、豊雅の遊び心がそう描かせたのかもしれない。

いもむしころころ
ひょうたんぽっくりこ

月の世界には昔から天女が住むという、じつに幻想的な想像もあったことは、かぐや姫の『竹取物語』で誰もが知るところだが、天女とうさぎを結びつけたこんな唄もある。

うささんのお耳はなぜ長い
月の都の姫さまの
あゆみのお声を聞きたさに
それで長くなったとさ

東京手まりうた

一方子守唄にも月のうさぎのすばらしい唄があるのはうれしい。まさにこぼれるほどの愛と夢にみちたおねんねの唄。

ねんねんねむの葉っぱ　寝るだろし
坊やもねむの葉っぱ　よく寝ろよ
寝たらほうびに　何やろか
空のお月さんの　うさちゃんが
ついたお餅を　どっさりと
いものお舟に　積みこんで
坊やのところへ　持ってくる
ねんねんねんねん　ねんねんねんね

長野県下高井郡野沢温泉村　子もりうた
（楽譜211頁）

菊見　東美人十二月　楊洲周延画　筆者蔵

菊の節句と遊び

旧暦の九月九日は「菊の節句」である。陽の数の九が重なるので「重陽《ちょうよう》」ともいう中国伝来の行事で、日本では奈良時代から宮中にとりいれられ、菊酒で長寿・息災を願い詩歌をつくる「菊花の宴」が開かれた。それが民間にもおよんで、無病息災にあわせ収穫感謝の意味もふくむ菊の節句の行事となる。それにあやかって子どもたちも菊の花を使っていろいろと遊んだのである。

菊の花遊び　西川祐信画
『絵本大和童』

菊の花のお手玉　楊洲周延画　『幼稚苑』明治38年（1905）　筆者蔵

菊の花の茎と茎を掛けて「菊引き」をする。茎が切れたり花が落ちたりすれば負け。また、菊の花を「お手玉」にして遊ぶやら、花のしべを敷き並べて「押し花」にするなど、子どもたちはさまざまに工夫をこらして華やかな菊の節句を楽しんだ。

菊引せうか　まん〳〵　まけてもよいが

高橋仙果『熱田手毬歌』江戸後期　名古屋　童謠

菊の花を手の甲へのせ、上へあげ手のひらにて請《うけ》、又甲にて受《うけ》ていふ歌。

○きつねどの　おれを化すはむたいじゃよ
おれの内《（家）》まで送りくだされ
○手習は　坂に車をおす如く
ゆだんをすれば跡《（後）》へもどるぞ

赤菊その外の菊をも用ゆ。花のしべをちぎり、紙の上にならべ、上より又紙をのせおもしをかけ菊毛氈《きくもうせん》といふ。

小寺玉晁『尾張童遊集』天保二年（一八三一）序

トンボの国　秋津洲・日本の巻

トンボの国・日本

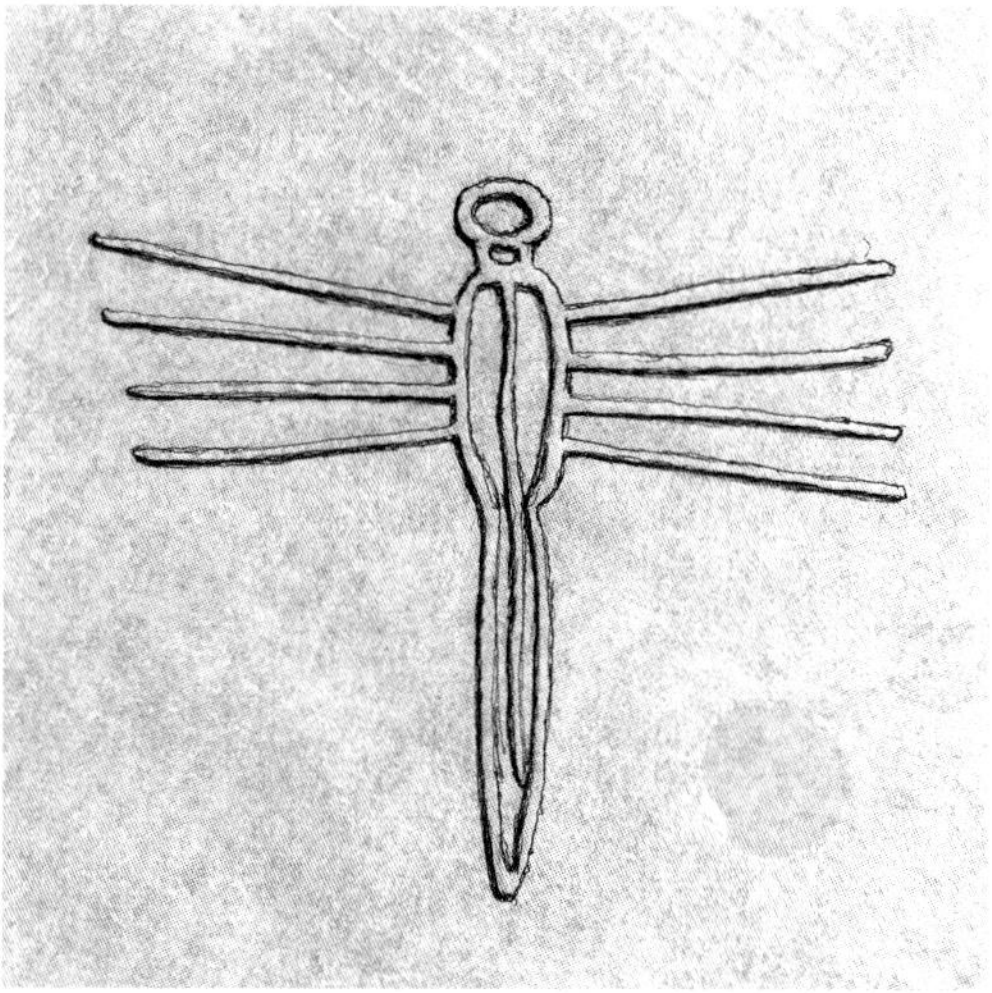

銅鐸〈蜻蛉〉図（模写）
出雲加茂岩倉遺跡出土

私の故郷は神話の里出雲（現島根県出雲市斐川町）、その神話ゆかりの簸川《ひのかわ》（現斐伊川）に大きくかこまれた田園地帯に生まれ、支流の新川や高瀬川で神名火山《かんなびやま》（仏経山）を仰ぎつつ水浴びをして遊んでいたから、まさに古代の風土のなかに育った。入学した直江尋常高等小学校は、狼山という小高い丘のなかほどにあり、神社のある山上からは出雲平野と北山山脈を一望に、東に宍道湖、西に出雲大社の鎮まる弥山《みせんさん》を遠望する地で、高瀬川のすぐ目の前は神庭《かんば》の集落、その先はかの荒神谷《こうじんだに》遺跡につながる。荒神谷遺跡は昭和五十八年（一九八三）に弥生時代の銅剣が何と三百五十八本、さらに銅矛十六本、銅鐸六個が一挙に発掘され一躍全国的に注目され、（私の兄は教育委員会退職後、一時この遺跡の案内人を勤めた）その後平成八年（一九九六）に荒神谷から東南3キロほどの加茂町岩倉の丘から、今度は三十九個もの銅鐸が発掘されるにおよんで、両々あいまってわが国考古学界に一大センセーションを巻き起こした。加茂岩倉遺跡出土の銅鐸には絵のある絵画銅鐸が七個あり、人面のほかトンボや鹿・イノシシ・亀などが描かれている。なかでもトンボはのちに我が国の国名ともなるほどに重要なもの、その写真からの忠実な模写をまずごらんいただこう。

子どものころ川端でオンジョ（鬼ヤンマ）の悠々と飛ぶのを見て、まずその大きさと堂々たる威容に圧倒されるとともに、こわいながらもできればつかまえてみたいという衝動にかられたものであるが、この銅鐸のトンボはそのときの感動をまざまざと思い起こさせるほどに、じつに生き生きと描かれているではないか。今でも東京ほかに地名としても残る「秋津」はトンボのこと、古くはアキヅ・アキツムシといった。賀茂百樹著『日本語源』によれば、「秋津虫　稲穂の赤らむころ出で、よく田面を飛びかふ虫なり」「秋津洲　千五百秋《ちいほあき》の瑞穂国《みずほのくに》をいふと同じ」とある。やがてトンボの国「秋津洲」は枕詞となり大和の国、日本の国をもさす言葉となった。それほどまでにトンボは稲作と密接にかかわる益虫として、古代から大切にされた特別な存在であったのである。

ちなみに『日本書紀』に神武天皇が国見のとき「蜻蛉《あきづ》のとなめせるがごと」といったという故事もある。今改めて日本地図を見ればその形が確かにトンボに似ているようにも見える。上古において人工衛星はもちろん全国地図も存在しない時代に、どうしてそのような伝説が生まれたものか誠に不思議といわざるをえない。余談ながら、先日テレビの歴史番組で、上杉謙信の兜にはトンボがあしらわれていることを知った。トンボはただ前に進むのみの〈勝ち虫〉とされ、その縁起によるものであるという。

松江城下のトンボ釣り唄

若年のころ私は兄から松江地方でうたわれるという〈トンボ釣り〉の唄を聞かされて、びっくりしたことがある。

こいしくー　このオンジョくー
アブラやみたおに　負けて逃げるオンジョ
恥じゃないかや

島根県立松江商業学校へ汽車で通学していた兄が、おそらく松江の友人から聞いたものであろうこの唄、第一、トンボに向かってうたいかけるという発想の珍しさ、またその歌詞の不思議さと旋律の美しさに驚いて、今もそのときの印象は脳裏から離れない。のちに松江市の伝統八雲塗作家で郷土文化研究家の石村春荘氏（明治三十三年生まれ。故人）にお会いする機会を得、松江城の石垣の上の茶屋で、お濠を見下ろしながら出雲蕎麦をいただき、氏ご自身の声で数々のわらべうたを録音させていただいたとき、やはりトンボ釣り唄もうたってくださった。

とんぼ釣り　西川祐信画　『絵本西川東童』

こういしくらい　こなオンジョくらい
アブラやめとうに　負けて逃げるオンジョ
恥じゃないかや

（楽譜212頁）

歌詞も旋律も兄から聞いたものにほとんど同じ。これがいわば松江の代表的なわらべうたといえる。歌詞について氏は次のように解釈しておられる。「恋し来らい、こな雄将《おんじょ》来らい、油や女頭《めとう》に、負けて逃げる雄将、恥じゃないかや」。雄将はヤンマの雄、女頭はヤンマの雌、油は羽がこげ茶色のもので、ごくまれにとれたので子どもたちは宝物のように大切にしたという。石村氏は昭和三十八年（一九六三）にこれらの歌を『出雲のわらべ歌』として出版され、巻末に私が採譜・提供した浄写楽譜六編を付載された。

小泉八雲のトンボ文学

明治二十三年（一八九〇）に松江中学の英語教師として赴任したラフカディオ・ハーン（小泉八雲）は、その著『民間伝承落穂集』（平井呈一訳『日本雑記他』一九七五。『小泉八雲全集』一九二八の大谷正信訳では『民間伝説拾遺』）のなかの「トンボ」（蜻蛉）において、日本のトンボの故実にふれ、じつに三十二種ものトンボについて説明し、千年にわたる日本文学史上のトンボにまつわる詩歌やわらべうた、子どもの民俗について詳細に紹介している。その一節を、少し長いが平井呈一訳によりつぎに引用させていただく。（歌詞の部分のみ伝承に忠実な大谷正信訳をとる）

トンボをつかまえることは、何百年という間、日本の子どもたちの大好きな遊びになっている。それは暑い季節にはじまって、あらまし秋の間じゅう続く。小さなトンボ釣りたちの考えなしを詠んだ昔の詩はたくさんある。こんにちでも、幾世紀もの昔とおなじように、トンボを追いかける興奮は、子どもたちをいろんな難儀にさそいこむ。茨や泥穴や水たまりもかまわず、暑さもかまわず、飯どきもかまわず、土手をころげ落ちたり、溝にはまったり、ひっかき疵《きず》をこしらえたり、いやもうたいへんな泥んこだらけになったりする。

飯時も戻り忘れてとんぼつり　楽遊

（中略）

しかし、この遊びにゆかりのある最も人口に膾炙した詩は、さすがに人の胸を打つものがある。それは加賀の千代という有名な女流俳人が、小さなわが子を亡くしたあとで詠んだ句だ。

とんぼつり今日はどこまで行ったやら

（中略）

トンボは網でも捕るし、鳥モチを先につけた竿でも捕るし、あるいは軽い杖か棒でたたき落して捕ることもある。ただし、棒をつかうのは、あまりよいことにはなっていない。それはトンボに疵をつけるからで、もともと死者に縁のあるものと考えられている虫だから、要もなくこれを傷つけるのは不吉なことだと考えられているからだ。

トンボを捕る非常に巧妙な方法は、これはおもに西国地方で行われているが、つかまえた雌のトンボを囮《おとり》につかう方法である。長い糸の一端に雌の尾をしっかりとくくり、他の一端はしなやかな竿の先にくくりつけておく。この竿を特別なやり方でふりまわすと、くくった雌を糸の長さいっぱいに、くるくる飛び舞わしておくことができる。そうすると、雄がじきにそれに釣られてやってくる。雄が雌にしがみついたとたんに、竿を軽くしゃくると、二匹ともいっしょに釣り人の手のなかへすっとはいる。雌一匹の囮で、つづけざまに八匹から十匹の雄が造作なく捕れる。

こんなふうにトンボを釣っているあいだに、子どもたちはよく、トンボを呼びよせる短い歌をうたう。そういうトンボの歌はたくさんあって、地方によってそれがいろいろに違っている。出雲でうたうこの種の歌は、三世紀に神功皇后が朝鮮を征伐したという伝説にゆかりをもっている。雄のトンボに、こういって呼びかけるのである。

「こな、男将高麗、東の女頭に、負けて逃げるは、
　恥じゃないかや」

このトンボ釣り唄を神功皇后伝説に結びつけるなど、おそらく地元松江の識者からの伝承なのであろうが、とにかく八雲は出雲はもちろん全国のわらべうたも多く収集し、「日本の子どもの歌」などの先駆的な執筆も行っている。有名な千代女の句については、小林一茶も『おらが春』に「子をうしなひて　蜻蛉《とんぼ》釣りけふハどこ迄行《い》た事か　かゞ千代」と記す。じつは現在この句は加賀千代作とする根拠が不明とされているが、とはいえこの句が感動的名句であることにちがいはない。

とんぼ釣り　静斎英一画『幼稚遊昔雛形』

トンボ捕り唄あれこれ

八雲の記述に「（トンボは）もともと死者に縁のあるものと考えられている虫だから、要もなくこれを傷つけるのは不吉なことだ」とあるように、トンボはあるときは「田の神」、また「祖霊の宿る虫」として特別な感覚をもってあつかわれてきた伝統がある。タノカミトンボとかショウリョウトンボ（精霊トンボ）などの名にもそれがうかがえるが、私などもいったんはトンボを手にしても、すぐに放してやっていた。そのようなトンボに対する畏敬の念とか愛情をこめた歌もあり、高知市での私の採集につぎのような例がある。

トンボ　トンボ　おとまり
トンボ殺すな　寺子ども
われが死んだら　土になる

（拙著『日本のわらべうた』歳事・季節歌編参照）

とんぼとり　西村中和画
『紀伊名所図会』

つぎは石川県珠洲市の歌で小林輝治採集。

トンボに目もある　羽もある
命やほしけりゃ　立って行け

トンボを捕るもっとも単純な方法は、止まっているところへ指をくるくるまわして注意をそらさせ捕えるもの。

トンボ　トンボ　この指とまれ
トンボ　トンボ　目をまわせ
まァわせまわせ　目をまわせ

長野県諏訪市　田中一男採集

つぎはやはり高知市の同じ伝承者の歌。

トンボ　トンボ　おとまり
あしたの市に　塩買うてねぶらいちゃう

シオカラトンボの名にちなんで「塩を買ってなめさせるよ」と誘う。長い草の茎の先に小さな虫を結え、両手にはさんでゆっくりまわしていると、おもしろいほどトンボがとまったという。

もうひとつ、高知の歌。

ブリを飛ばす　長谷川光信画
『絵本家賀御伽』

しゃりこいこい　しゃりこいこい
あのしゃりは　目のないしゃあり
奥のくのくの　あぶらめんにさや
負けて蹴られて　エースクドンドン
エースクドンドン

高知県幡多郡大方町　桂井和雄採集
（楽譜212頁）

この唄の発想が、あまりに松江の歌と重なるところ、子ども心の共通性というか、伝承歌の不思議さに驚かされるのである。

秋の夜長の怪談「続百物語」の巻

平家物語と平家琵琶

祇園精舎の鐘の声
諸行無常の響あり

この天下の名句で始まる『平家物語』は、まさにその一句に全編が凝集され象徴されているといっても過言ではない。そして、終末における象徴的な個所としては〈壇ノ浦〉の「先帝身投」が挙げられるであろう。

『平家物語』は本来、琵琶を伴奏に語られる〈語り物〉として成立した。音楽的には天台声明を背景に、琵琶のわびさびの音色とともに、調絃もその旋律にかかわっていると考えられる。平家琵琶（平曲とも）は、その後派生した薩摩琵琶や筑前琵琶とは打って変わって、じつに幽玄・素朴、まさにこの悲劇にふさわしい虚無感・寂寞感が全体をおおう。それを専門的に伝承したのが琵琶法師であった。多く盲目の検校たちによって厳格に扱われ、いくつかの流派に分かれ伝承されて現代まで継承されてきた。次に物語の最も悲痛な場面、「先帝身投」の部分を挙げる。

主上今年は八歳にならせ給へども、御としの程よりはるかにねびさせせ（大人びて）給ひて、御かたちうつくしく、あたりもてりかかやくばかりなり。御ぐし黒うゆら〳〵として、御せなか過ぎさせ給へり。あきれたる御様にて、「尼ぜ、われをばいづちへ具してゆかむとするぞ」と仰せければ、いとけなき君にむかひ奉り、涙をおさへて申されけるは、「君はいまだしろしめされさぶらはずや。先世《ぜんぜ》の十善戒行の御力によッて、いま万乗の主《あるじ》と生れさせ給へども、悪縁にひかれて、御運すでにつきさせ給ひぬ。まづ東《ひんがし》にむかはせ給ひて、伊勢大神宮に御暇《おんいとま》申させ給ひ、其後西方浄土の来迎にあづからむとおぼしめし、西にむかはせ給ひて御念仏さぶらふべし。この国は粟散辺地《ぞくさんへんち》とて心憂きさかひにてさぶらへば、極楽浄土とてめでたき処へ具し参らせさぶらふぞ」と泣く〳〵申させ給ひければ、山鳩色の御衣《ぎょい》にびんづら結はせ給ひて、御涙におぼれ、ちいさくうつくしき御手をあわせ、まづ東をふしをがみ、伊勢大神宮に御暇《おんいとま》申させ給ひ、其後西にむかはせ給ひて、御念仏ありしかば、二位殿やがていだき奉り、「浪の下にも都のさぶらふぞ」となぐさめ奉ッて、千尋の底へぞ入り給ふ。

これを語る平家琵琶の伝説の名手こそ、かの有名な小泉八雲の〈怪談〉「耳なし芳一」の芳一であった。

船幽霊　竹原春泉斎画　『絵本百物語』天保12年（1841）

小泉八雲の怪談「耳なし芳一」

「怪談」といえば誰しも小泉八雲（ラフカディオ・ハーン一八五〇〜一九〇四）の〈耳なし芳一〉を思いおこすほどに人口に膾炙《かいしゃ》したこの名作にも、じつは背景に江戸時代後期の原本があった。

天明二年（一七八二）京都菊屋安兵衛刊、一夕散人著『臥遊奇談』の「琵琶秘曲泣幽霊《びわのひきょくゆうれいをなかしむ》」がそれである。八雲が依拠した資料とその再話文学との対比というところにも意識を向けつつ、両者を読み比べてみたい。まずは「琵琶秘曲泣幽霊」の冒頭。

長州赤間関は古源平戦争の地にして、千載の遺恨をとどむ。幽魂長く消する事能はず。月明らかなれば海面にあやしき声をきき、雨しきる夜は平沙に鬼火を飛ばす。後世にいたって一宇を建立し、幽霊を慰する其名を阿弥陀寺と名づく。一門の縉紳（身分の高い人）及び兵士、多少の古墳を連ぬ。爰に阿弥陀寺の近辺に瞽者あり。芳一といふ。幼少より琵琶に習熟して、長ずるに随ひ其妙を極む。三位《さんみ》伯雅の昔を悲しみ、関の蝉丸の面影をうつして、明《あけ》て弾じ暮《くれ》てかきならす。其頃世に称じて、芳一が平家をかたるや人を感泣せしめ、鬼神を動かすとぞもてはやしける。（略）

一日、和尚法務によって他に出らるるに当って、芳一暑威をさけんがため、客殿の椽上に独座し琵琶を弾じけるに、夜深更に及で門人あり。内に入て椽下に立、芳一〳〵と呼ぶにぞ、撥をとどめて、誰にてわたり候やと問へば、くるしからず、近辺の者なるが、去る縉紳の御方歌枕に寄せられ、壇の浦の陣跡をさぐらせられんが為、此地に遊歴まし、近辺に投ぜられる。しかるに汝が琵琶端正を極むるの旨風説あれば、こよひの御つれづれ、御旅館に召さしむ。我に随ひ来るべしと。（略）

（『全訳小泉八雲全集第十巻』恒文社）

芳一像　下関市赤間神宮
『図説日本の古典 平家物語』集英社

原本の奇談と八雲の作品「耳なし芳一」（原文英語）

を併せ読むと、その文体の違いにとどまらず、両者の文学性の差異にも注目せざるをえない。次は平井呈一訳による「耳なし芳一」冒頭部分である。

今から七百年あまり前のこと、下の関海峡の壇の浦で、長らく天下の覇を争っていた源平両氏のあいだに、最後の決戦がたたかわれた。この壇の浦で、平家は、一門の女・子ども、ならびに、こんにち安徳天皇と記憶されているかの幼帝ともろともに、まったく滅び絶えてしまったのである。その後、七百年のあいだ、壇の浦の海とあのへん一帯の浜べは、久しいこと平家の怨霊にたたられていた。（略）

いまでもあのへん一帯の海岸では、かずかずの不思議なことが見たり聞いたりされるのである。闇の夜に、幾千ともしれぬ陰火が浜べにあらわれたり、波の上をふわふわ飛んだりする。これは、俗に漁師どもが「鬼火」といっている青白い光りものであるが、そうかと思うとまた、風の荒く吹きすさぶような日には、きまって沖の方から、ちょうど合戦のおりの鬨《とき》の声のような、すさまじいおたけびの声がおこったりするのである。（略）

やがて裏門の方から、人の足音がこちらへ近づいてくるのが聞こえてきた。だれか裏庭をぬけて、縁先の方へやってくるのである。と思っているうちに、足音は、芳一のいるすぐ前まできて、ピタリと止まった。

平家七盛塚　赤間神宮
『実用特選 平家物語』学習研究社

だが、それは和尚ではなかった。太い、力のこもった声が、盲人の名を呼ぶのである。いやにけんどんな、ぶしつけな呼びかたであった。ちょうど、侍が下郎をきびしく呼びつけるような調子である。

「芳一！」

芳一はぎょっとしたあまり、しばらく返事をしかねていた。すると、声は、ふたたびきびしく命ずるような調子で呼ぶのである。

「芳一！」

「はい！」

と盲人は、相手の声音《こわね》の高飛車なのに、おろおろしながら答えた。

（『怪談』ラフカディオ・ハーン作　平井呈一訳　岩波文庫）

筑前琵琶の名手で創作家の上原まりさんは、畢生の大曲「平家物語」を完成されたが、残念ながら他界された。薩摩琵琶や筑前琵琶は、今競って「平家」を語る。平曲の伝統を保ちつつもその殻を捨て、つぎつぎと器楽・声楽両面で新しい創作へ挑戦が続けられ、まさに平曲の新時代を迎えている。

宮澤賢治の妹トシの幽霊

前にもふれたように、宮澤賢治も奇談には関心が深く、佐々木喜善とも会い触発されて「ざしき童子《ぼっこ》のはなし」を執筆した。また、愛する妹トシを失った深い悲しみのなか、ある日トシの幽霊が賢治を訪ねてきたということを花巻農学校の教え子に語っているのだ。

教え子の松田浩一は、賢治の劇「饑餓陣営」上演のとき古参の軍曹役を演じた音楽好きでバイオリンが得意、賢治とは個人的にも接触が深かったので、恩師の思い出を書き綴っていた。その遺稿のなかに、大正十三年二月のこととして次のようなトシ子の幽霊話が記されていたのである。

先生は食べ終った弁当を急いでしまい込み、やおら私達に向かって「今日は少し時間もあることだし、幽霊の話を聞かせますからしばらくの間聞いてください」と、それはざっと次のような話だった。

「実はね、十一年十一月に死んだ妹のトシ子が夕べ遅く僕を訪ねて来たんだよ」

二月の夜は寒かった。先生はいつものように表二階の八畳間に丸くなって寝ていた。時計は夜中の十二時を少し過ぎていた。その時先生の耳に外の下ろし戸をトントンとたたく音が聞こえてきた。耳をすましてじっと聞き耳をたてると又トントンとたたく音がする。しかし声は無くしきりに叩く音だけ。先生は寝巻きに着替え急いで帯をしめ階段を下りて、土間を走るようにして下ろし戸を静かにあけると、死んだ筈の妹トシ子さんが女学校教諭当時の紫のハカマと長袖の着物姿で立っていた。

「トシ子じゃないか、寒いから中に入りなさい」と手をとらんばかりにして自分の二階の部屋に連れてきた。生きている賢治先生とその空間の中で話合ったトシ子さんを再び階段を下りて仏間に導いた。賢治先生は静かに座して、しばし経を読み始めた。読経の声に目をさましたご両親には賢治先生一人だけ手を合わしている姿以外に何も見えなかった。

「さあトシ子帰らなければならないのだ。お前は生きていた時、学問と一緒に立派な苦行をつんだ立派な宗徒だ」と云いつつ、外の下ろし戸を開けて妹トシ子の手をとらんばかりにして見送った。外は寒い夜空に小雪がまじりその中にトシ子さんの姿が次第に遠くへ遠くへと消えて行った。

（『マコトノ草ノ種マケリ　師父賢治先生回顧』
花巻農業高等学校同窓会刊より抄出）

なお、宮澤賢治と妹トシについては、筆者の近著『宮澤賢治の音楽風景—音楽心象の土壌—』も参照いただければ幸いである。

妹トシが療養し賢治が看病した宮澤家別宅（現花巻農業高校内保存）

二百十日の祭り

（岩手）稗貫郡大迫町

十五夜のお月さん

（佐賀）鹿島市

十五夜のお月さま

（鹿児島）枕崎市

ねんねなされませ

京都市（旧京都市域）

お月さまいくつ

（東京）台東区

おつきさま　いくつ　じゅうさん　ななつ
まだとしゃ　わかいな　あのこを　うんで
このこを　うんで
だーれに　だかしょ
おまんに　だかしょ
おまん　どこいた　あぶらかいに　ちゃかいに
あぶらやの　まえへ　こおりが　はって
すべって　ころんで　あぶらいっしょう　こぼした
そのあぶら　どうした　たろどんの　いぬと
じろどんの　いぬと
みんな　なめて　しーー　まった
そのいぬ　どうした　たいこに　はって
あっち　むいちゃ　ドンドコドン　こっち　むいちゃ　ドンドコドン

お月さんなんぼ

（京都）京都市右京区

月ぬかいしゃ

（沖縄）石垣市

がんがん渡れ

（東京）千代田区

うさぎうさぎ

（東　京）

ねんねんねむの葉っぱ

（長野）下高井郡

こいしくらい

（島根）松江市

しゃりこいこい

（高知）幡多郡大方町

冬

極月　煤払い　石川豊雅画　『風流十二月』

歳の暮れ近く、多く十二月十三日に煤払い（煤掃き）を行う。正月の神を迎えるために、家の内外を払い清める行事で、商家では終ると胴上げをして祝福する習わしであった。

中扉／**雪だるま**　小林永濯画　『子供遊画帖』
明治21年　博文館　筆者蔵

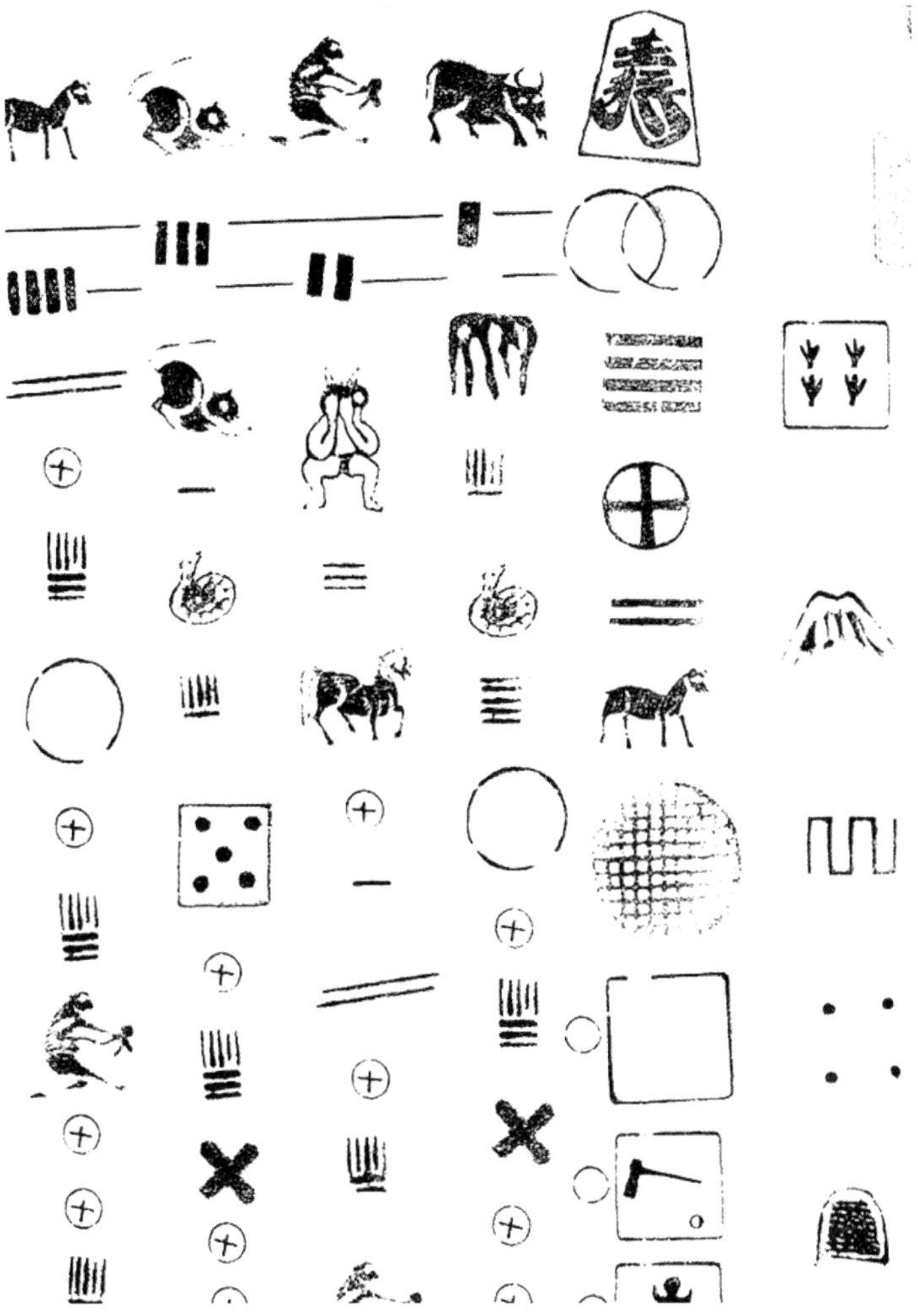

絵暦　岩手 田山ごよみ （部分）

江戸時代、文字が読めなくても分かるように、絵文字や図形で年号や干支、季節の農事にかかわる「八十八夜」「入梅」「田植」などの記事をしるした木版の絵暦が用いられた。岩手県の旧南部領に残る田山暦や盛岡暦が知られている。一種の判じ物、謎解き絵としても興味を持たれる。次は掲出の絵暦の解読例の一部である。

（縦一行目）田・山・ご・よ・み（箕）
（縦二行目）昭和四十二年・未（ひつじ）年
（縦三行目）乙（きのと）丑（うし）・一月大の月・小寒六日
（縦四行目）丙（ひのえ）申（さる）・二月小の月・節分三日
（縦五行目）甲（きのえ）子（ね）・三月大の月・子（ね）一日　　（以下略）

昔話「桃太郎」の巻

絵ばなし「桃太郎」 国政画
明治14年（1881） 筆者蔵

昔むかしあったとさ

寒い冬の間の子どもたちの楽しみといえば、竹で作った手作りのスキーやそりなどで雪滑りをする、雪合戦をする、雪だるまを作る、また北国などではかまくらの行事に加わるなど、寒さを撥ねとばす元気な遊びにうつつをぬかし、夜には囲炉裏やこたつ、あるいは火鉢などを囲んで聞く昔話が、心温まる和みのひと時であった。そんな昔話の一番人気はやはり「桃太郎」ではなかろうか。ここでは、むかしの昔話の絵本などから、むかしの桃太郎のお話を子ども達がどのように見聞きし楽しんでいたのかを見てみたい。

桃太郎昔語（一） 西村重信画 江戸中期
『近世子どもの絵本集 江戸篇』 岩波書店

桃太郎昔語（二）

古いほうの絵本としては『桃《もも》太《た》郎《ろう》昔語《むかしがたり》』（『近世子どもの絵本集 江戸篇』岩波書店）がある。描いたのは西村重信。最初の絵の奥に立つ屏風のすみに落款として、それとなく画者自身の名を書き記す。西村重長の門人で、享保後期から元文にかけての絵師というから、江戸中期、今からほぼ三百年も前の絵本である。語りはやはり「むかしむかし、あったとさ。」から始まる。私などの田舎で「とんとんむかしがあったげな」というのと同じ昔話の語り始めの決まり文句だ。以下要所のみを拾ってみる。

「爺《じじ》は山へ草刈りに。」（二）婆《ばば》「もう一つ流れて来い。爺に進じょ。さてさて不思議な桃じゃ。」

（三〜四）桃太郎がいわく「俺は鬼が島へ宝取りに行く。供をいたせ。団子は望みに任せて取らしょ。」猿「これが十団子《とおだんご》か。私も供いたそう。一つくだされませ。」雉《きじ》「雉も一つくだされ。お供申そう。」犬「うまいこと。大仏餅、幾代餅ははだしだ。まっと食いたい。」（京や江戸の名物大仏餅も幾代餅もはだしで逃げ

桃太郎昔語（三）

桃太郎昔語（四）

桃太郎昔語（五）

桃太郎昔語（六）

るほどにうまいの意。ここらは単なる昔語りによらず、作者の饒舌が入るところと思われる。）

（五）（六）桃太郎「角をもいでやろう。」鬼「あてこともないしぶていやつらだ。」（途方もなくしぶといやつらの意）犬「おらが旦那の腕にどうして勝つことはなるまい。」

昔ばなし一覧図会と日本昔噺

次に架蔵の「昔ばなし一覧図会」という、日本の昔話のうち子どもたちにうける題材を網羅して、その名場面を絵に表した三枚続きの浮世絵から、桃太郎の三場面を紹介しよう。

画者は歌川重宣《しげのぶ》、初代広重の弟子で二代広重を名のり、幕末から明治初めにかけて作画した絵師である。詞書きはなく、絵からじかに話を読み取り絵柄を楽しむ趣向で、浮世絵だけに色彩が重厚で見ごたえがある。ほかに「花咲じじい」「舌切りすずめ」「かちかち山」「さるかに合戦」「文福茶釜」などが渾然一体となった、まるで〈昔話の万華鏡〉、あるいは〈おはなし天国〉といった世界をくり広げる、子どもにかぎらず大人も楽しませるアイデアはすばらしい。

明治に入ると、児童文学の先駆としての巌谷《いわや》小波《さざなみ》が昔話に注目し、日本のみならず世界にも視野を広げて収集・編集した著作を発表する。『日本昔噺』『日本お伽噺』『世界お伽噺』などである。次に『日本昔噺』（明治四十一年博文館）から「桃太郎」の部分を抽出、一部当用漢字と現行仮名遣いに変えて引用する。語りの昔話から読む昔話（再話）への過渡期的読み物としてみるとおもしろい。

むかしむかし、或る処に爺さんと婆さんとがありましたとさ。或る日のことで、爺さんは山へ柴刈りに、婆さんは川へ洗濯に、別れわかれに出て行きました。婆さんはやがて川へ来て、（略）しきりに洗濯をしておりますと、やがて川上の方から、一抱えもあろうと思われるたいそう大きな桃が、ドンブリコッコ、スッコッコ、ドンブリコッコ、スコッコ、と流れて来まし

た。（略）
勝手の方から包丁を持ち出し、件《くだん》の桃をまな板にのせて真っ二つにしようとしました。すると、不思議や中から可愛らしい子供の声で、『お爺さん待ってちょうだい』と、いうかと思うと、その桃が二つに割れて、その中から一人の赤児がヒョッコリ踊り出しました。この体《てい》に驚くまいことか、爺さんも婆さんもアッといって倒れましたが、何しろ二人ともふだんから子

昔ばなし一覧図会（一）　歌川重宣画
筆者蔵

が欲しい欲しいと思っていたところですから、大喜びでこの児を抱きあげ、そのままわが手に育てて、桃の中から生まれたのだから、その名も桃太郎とつけました。（略）
斑犬《ぶちいぬ》が一匹ノソノソと出て来まして、桃太郎に向かいまして『桃太郎さん桃太郎さん、お腰の物は何でご

昔ばなし一覧図会（二）

ざいます。』『日本一の黍団子《きびだんご》。』『一つください、お供いたします。』『よし一つ分けてやろう。』『ありがとうございます。』犬はここで黍団子をもらって、それから桃太郎の供をしました。（略）

昔ばなし一覧図会（三）

すると件《くだん》の大鬼もかなわぬところと覚悟したか、やがて鉄棒をカラリと投げ捨て、自分で自分の角を折って宝物といっしょに桃太郎の前へ出し、蜘蛛《くも》のように平伏して、『ハハッ恐れ入った桃太郎様の御威勢、この上は何しにお抵抗《てむかい》いたしましょう。今日《こんにち》限り心を改め降参をいたします。命ばかりはお助けください。』と涙をホロホロ流しまして、意気地なくも降参してしまいました。

子守唄の桃太郎「柴の折戸」

作曲家の山田耕筰は大正六年（一九一七）の十二月にアメリカに渡り、ニューヨークのカーネギーホールで自作を中心とした演奏会を開いた。その五年ほど前に、例のワシントン、ポトマック河畔のサクラが東京から寄贈され、また四年ほど後には野口雨情が童謡「青い眼の人形」を書いているように、当時の日米関係はきわめて友好的であった。

さらに山田は翌大正七年の春に再び渡米、「ぜひ『日本民謡集』も出版したい」というアメリカの出版社の要望により、ただちに編曲に取りかかる。そこで先ず完成したのが「子守唄」、いわゆる〈柴の折戸〉であり、ついで「梅は咲いたか」「沖の鴎に」「かぞへうた」「今様」「深川」など日本の伝承歌を一月足らずのうちに一気に書き上げる。それらは『ジャパニーズ・フォークソングズ・ブック1』カール・フィッシャー社（ニューヨーク一九一九）としてローマ字の日本詞と英語訳の歌詞つきで出版された。

　編曲者自身の記憶にもとづくというその「子守唄」の旋律は、いわゆる「江戸子守唄」の陽音階版。しかし、桃太郎の昔話をうたう〈柴の折戸〉の歌詞は、なぜか次のたったの二節のみしか記されていない。

柴の折戸の賤《しず》ヶ家に　翁《おきな》と媼《おうな》が住いけり
翁は山へ柴刈りに　媼は川へ衣《きぬ》すゝぎ

　この格調の高い文語調の歌詞はそもそも何者の作なのか。また歌詞の全体はどのようなものか。それらについてはまったく謎に包まれたまま、楽譜は全集や曲集などに出版される。その物語りの冒頭のみで終わる歌は〝しっぽきれ〟の感を免れず、何か満たされないままの状態が続いたのである。しかし、幸い数年前ようやくその全貌が明らかになってきた。その端緒は国語学者の金田一春彦氏の次のような述懐である。

　私は、大正天皇が幼少のころ、高崎正風《まさかぜ》が江戸子守唄に作詞したという「柴の折戸」という歌を聞いて大きくなった。私にとって一番懐かしい歌といったらあの歌である。人は死ぬ時に一番あとまで聴覚が残るという。とすると、私は臨終の時に音楽を聞きながら死にたいし、その音楽は、きれいなやさしい声の人の「柴の折戸」を望む。

　これは、入江相政氏から教えを受けたが、明治天皇の御代に、のちの大正天皇がお生まれになったときに乳母を雇ったが、乳母の身の上で、皇子さまを「坊や」とお呼びするわけに行かない。そこで、当時第一番の歌人であった高崎正風に新しい歌詞を作らせた。正風は仰せをかしこみ、将来の日本の天子になる人のためには代表的な日本の昔話桃太郎がよかろうと、桃太郎の歌詞を作り乳母に歌わせた。民間に広く流れたのがそれだった。（東京新聞夕刊連載「この道」一九九四／『童謡・唱歌の世界』教育出版一九九五）

入江相政といえば昭和天皇の侍従長であった人で、母は大正天皇の生母柳原二位局愛子《なるこ》の姪、父入江為守も東宮侍従長や皇太后宮大夫を務めた家柄であるだけに、この話はじつに信ぴょう性が高い。つまり「柴の折戸」は大正天皇誕生から間もない明治十二年か十三年ころに高崎正風によって作られたとして間違いはないと思われる。高崎正風は薩摩出身の明治の歌人で御歌所長・宮中顧問官などを務めた人で、儀式唱歌「紀元節」の作詞者でもある。

さてその歌詞全体の姿については、上笙一郎氏が『日本童謡事典』（東京堂出版二〇〇五）で紹介された外山国彦の記憶による歌詞が現在最も信頼にたるものと思われるので、その歌詞から第三節以下を数節あげておく。

日ごと日ごとのなりわいも
いとあさましき朝熊山《あさまやま》
いといそがしき五十鈴川
流れ流るる水の瀬に
流れ寄りたる桃の実の
世に類なく太ければ
あな珍しと持ち帰り
折敷《おしき》に据えて愛《め》づるうち
桃は我から打ち割れて
男の子一人出でにけり

子ども遊び　絵双六の巻

よし藤の逸品「子宝遊壽双六」

正月が近づいてくると、もう子どもたちは待ち遠しくて仕方がない。冬の寒さに負けず、心浮き立って、そろそろ双六も買い求める頃。

今回は、数ある双六のなかでも、子どもたちの外遊びを中心に、幕末江戸下町の実際の遊びの姿を、子ども絵ではもっとも定評のある歌川芳藤《よしふじ》が描いた名品、『子宝遊壽双六《こだからあそびことぶきすごろく》』を取り上げることとしよう。

「子宝遊壽双六」 歌川よし藤画 （右上部分） 筆者蔵

歌川芳藤（よし藤）は文政十一年（一八二八）本郷生まれ。浅草に住んで、特に「おもちゃ芳藤」と愛称されるほどに、子ども向けの玩具絵（おもちゃ絵）はもちろん、武者絵、組み上げ灯篭、切り組絵などに至るまで、すばらしい趣向と華麗な色彩で手腕をいかんなく発揮し、子どもの文化に多大な貢献をした浮世絵師である。そのよし藤が描いた江戸下町の子どもたち

「子宝遊壽双六」（右下部分）

の遊びのさまざまと、またそこに書き添えられたわらべうたの一端も含め、以下、一こまごとに現代仮名遣いに変えて翻刻し、必要に応じ注記を加え、当時の子どもたちの元気あふれる遊びの様子や歌声を想像してみていただきたいと思う。ただし、双六の部分ごとに原画をそのまま表示するので、絵を廻しながらご覧いただきたい。

1 **ふりはじめ**（絵双六で遊ぶ子どもたち）

2 **当て独楽**

3 **子をとろ子とろ**
　どの子が目づき
（注、次のこまに続くわらべうた。最初の絵は鬼きめ。）

4 **さあとっちゃみさいな**
（注、一人の親の後ろに前の子の帯などを持ち縦に並ぶ子たちを鬼が追いつかまえる。親は両手をひろげ子を守り防ぐ。地獄で子どもたちが鬼に襲われるのを地蔵菩薩が立ちはだかり救うという仏教ゆかりの古い遊戯。）

5 **鬼ごっこ**

「子宝遊壽双六」（左下部分）

6　ちんちんもがもが

おひゃりこひゃりこ

（注、片足跳びのわらべうた。片足跳びの遊びを江戸で「ちんがらこ」、また「ちんちんもんがら」「ちんちんもぐら」などとも言った。）

7　向こうのおばさん

ちょいとおいで　鬼がこわくてゆかれません

（注、子どもたちが向かい合う両方の宿、つまり安全地帯に分かれ、宿から宿へ移ろうとする子を、間に立つ鬼がつかまえる鬼遊び。）

8　かあごめかごめ

（注、これはよく知られる〈うしろの正面だあれ式〉でなく、今の「なべなべ底抜け」と同様の遊び方で、向かい合って手をつないだ二人が、唄に合わせ手を振り、終わりに腕をあげてくるりとまわり背中合わせとなる。そのまま繰り返してまた元の形にもどる。数人で輪になっても行う〈くぐり遊び〉である。江戸期の〈かごめ〉は多くこのようなくぐり遊びであった。）

「子宝遊壽双六」（左上部分）

〽かァごめかごめ。か引ごのなかの鳥は。いつ〳〵でやる。夜あけのばんに。つる〳〵つッぺった。〽なべの〳〵そこぬけ。そこぬいて引た引もれ。

文政三年（一八二〇）釈行智『童謡集』

なお、行智は浅草銀杏岡《いちょうがおか》八幡神社《はちまんじんじゃ》（浅草橋近辺に現存）の別当寺覚吽院《かくうんいん》の僧。日本子守唄協会西舘好子会長ほかの努力により、同神社境内に〈江戸子守唄の碑〉が建てられ、行智の画期的なわらべうた採録の業績が讃えられている。）

9　**ぞうりきんじょう**

きんじょきんじょきんじょ　おてんまてんま

（注、鬼きめの草履まき。表が出た子はぬけていく。

「草履きんじょ〳〵。おじょんまじょんま。はしの下の菖蒲は。咲いたか咲かぬかまださかぬ。みやう〳〵車を手にとて見たれば。しどろくもどろく十さぶろくよ。」

二ツ残りたる時勝負分けの唄。『童謡集』）

10 **えんがやえんがや**
びぃふんだびぃふんだ　ここへくればし
んをぬけるなり
（注、汚いものを踏んだりした子をからかう。ここで
一回休み。）
11 **雪ぶつけ**
12 **手のなるほうへ**
おォにやおにや
（注、目かくし鬼）
13 **かくれんぼ**
14 **いくさごっこ**
ありやありやありやありや
（注、多く端午の節句に男の子たちが行った戦遊び。）
15 **まいご**
おっかさんや　うちゃしれないよ　ここ
のところへくれば　うちのしれるまで
ひとまわり休み
16 **すもうのとりくみ**
17 **竹の子ぬき**

（注、今でも「**竹の子一本おくれ、まだ芽が出な
いよ。**」といったわらべうたで遊ぶ。
「**〽竹のこはまだはへませぬか。〽まだはへま
せぬ。そんならこやしをかけましやうザア
〳〵。〽竹のこはもうはへましたか。〽アイ
ちつとはへました。〽又こやしをかけましや
うザア〳〵〳〵。〽竹のこはもうはへま
したか。〽アイもうはへました。〽サアぬこ
う〳〵。**」『童謡集』）
18 **おねんじょさァま**
およねじょ十ォよ
（注、数え歌式の短い手まりうた。十、二十と続ける。）
19 **おてだま**
20 **ほいかご**
ここへくれば足ばやにて七つとぶ
（注、「**かあごやかごや**」などとうたって遊ぶ籠屋
ごっこ。）
21 **ひいらいたひいらいた**
なんのはながひィらいた

（注、「れんげ〳〵。つゥぼんだ〳〵。ヤッとことッちやつぼんだ引。ひ引らいた〳〵。ヤッとことッちゃひ引らいた引〳〵。」『童謡集』）

22　**とちぐるい**

（注、ふざけあいの意。数人でもみあい、押さえこんだり引っぱったりする遊び。）

23　**たるみこし**

（注、酒樽を用いた子ども用の神輿）

24　**たけうま**

25　**ちょうれんごっこ**

（注、「調練」は鼓笛隊の伴奏で行進するなどの薩摩藩の初期洋式訓練。子どもたちは珍しいのでそれをまねて遊んだ。）

26　**火事ごっこ**

（注、「江戸の華」火消しの象徴である纏《まとい》を縄で作って振りまわす。）

27　**水なぶり**

（注、「なぶり」はひやかしの意。）

28　**おしりの用心　ごうようじん**

きょうは二十八日。

（注、特定の祭日にちなんで、着物の裾をまくりあう遊び。）

29　**おまつり**

（注、玩具の屋台を引くお祭りごっこ。）

30　**ちゃんちゃんぎりや**

ちゃんぎりや

（注、二人の子が反対向きに片手をつなぎ、ぐるぐるとまわる遊び。）

31　**しおやかめや**

（注、幼児を横に背負って遊ぶ。塩や瓶を売り歩く商人をまねた。）

32　**いもむしころころ**

ひょうたんぶっくらこ

（注、一列にしゃがんでならび、前の子の帯や腰につかまって歩く。後半を「ひょうたんぽっくりこ」ともうたう。）

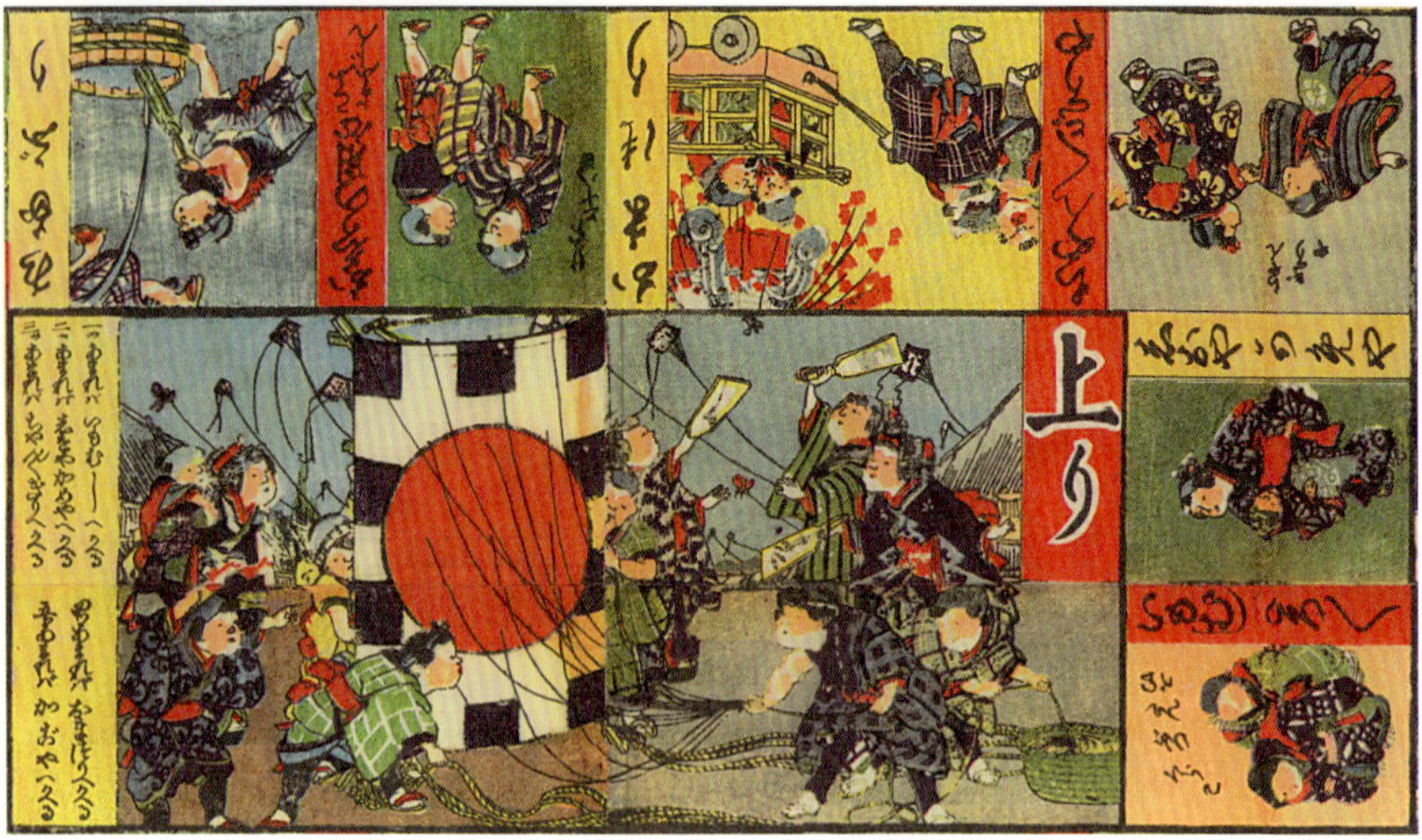

「子宝遊壽双六」（中央部分）

33

上り

一ツあまればいもむしへかえる
二ツあまればしおやかめやへかえる
三ツあまればちゃんちゃんぎりへかえる
四ツあまればおまつりへかえる
五ツあまればかごやへかえる

（注、さいころの数が〈上り〉に合わないとき、余りの数により指示のところへ戻って続ける。）

大さむ小さむ

（東　京）

じいじいの

（石川）加賀地方

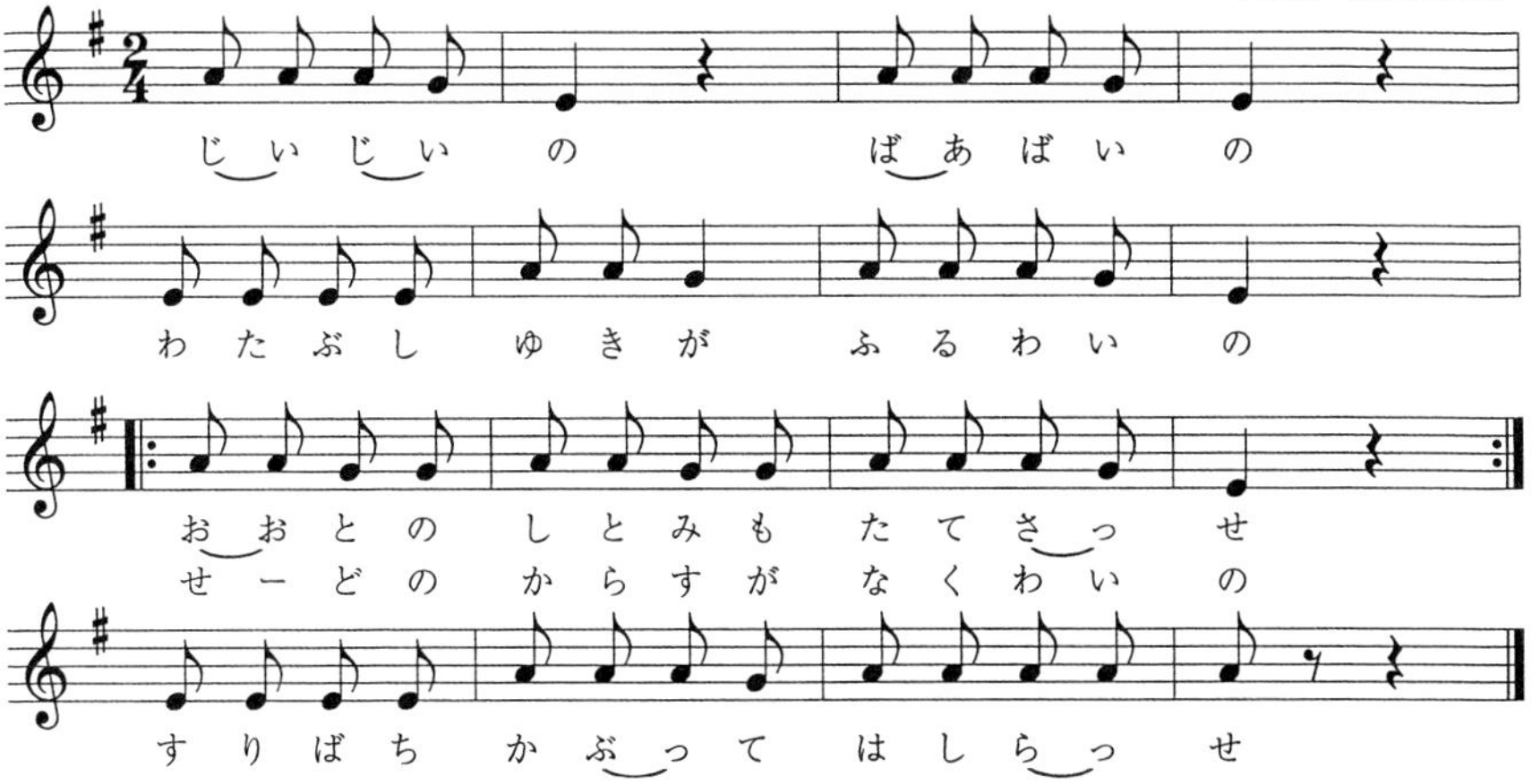

図版・参考書・楽譜出典

本書に下記図版・書籍・楽譜を引用させていただきました。数多くの学恩に心から感謝申し上げます。なお、ここに記載のない参考書は本文に表記し、記載のない図版は筆者の収集・架蔵によるものです。

［図版］

水道橋駿河台　歌川広重画　名所江戸百景　『広重名所江戸百景』岩波書店

市中繁栄七夕祭　歌川広重画　名所江戸百景　同

絵暦　南部めくら暦原版　田山ごよみ　岩手県二戸郡安代町字田山　だんぶり社

京　賀茂の景　『年中行事絵巻』日本の絵巻　中央公論社

雪の柳橋　小原古邨画　日本の名画８０８　あつまるカンパニー

乾坤輝く　横山大観画　同

かるた会　竹久夢二画　同

雪に暮るる　川瀬巴水画　同

梅開く　下村観山画（部分）　同

春の阿多古山　東京拾二題　川瀬巴水画　同

亀井戸　東京拾二題　吉田博画　同

虹を見る　上村松園画　同

梅に鶯　小原古邨画　同

雪ぶつけ　雪ころがし　「京風俗十二カ月図巻」『近世風俗図巻』毎日新聞社

餅つきに見入る子守たち　山本松谷画　『風俗画報』

正月七草の鳥追い　山本松谷画　同

寺子屋の七夕飾り　同

小正月の「なまみはぎ」　菅江真澄画　「男鹿の寒風」『菅江真澄全集』未来社

信濃の七夕人形　菅江真澄画「伊那の中路」　同

お化けごっこ　津田久英画　「江戸遊戯画帖」『図録江戸風俗遊戯絵巻』横浜歴史博物館

化けものがたり　国明門人画　『近世子どもの絵本集　江戸篇』岩波書店

桃太郎昔語（一）　西村重信画　同

豆狸　竹原春泉斎画　『絵本百物語』国書刊行会

河童　葛飾北斎画　『北斎漫画三編』岩崎美術社

虫聞き　道灌山虫聞之図　歌川広重画「東都名所」『浮世絵名作選集』山田書院

十五夜綱引き　住吉重光画　『南日本わらべうた風土記』音楽之友社

宮参り　「狐嫁入」　鈴木春信画　藤沢衛彦編『民俗版画』講談社

船幽霊　竹原春泉斎画　『絵本百物語』国書刊行会

芳一像　『図説日本の古典　平家物語』集英社

平家七盛塚　赤間神宮　『実用特選　平家物語』学習研究社

［参考書］

『瓦版のはやり唄』三田村鳶魚　春陽堂
『江戸端唄集』倉田喜弘　岩波書店
『幼稚遊昔雛形』万亭応賀　愛知県西尾市立図書館蔵　『近世童謡童遊集』尾原昭夫　柳原書店
「児戯」（尾張童遊集）小寺玉晁　同
「熱田手毬歌」高橋仙果　同
『日本のわらべうた　歳事・季節歌編』尾原昭夫　文元社
『日本のわらべうた　室内遊戯歌編』尾原昭夫　社会思想社・文元社
『日本のわらべうた　戸外遊戯歌編』尾原昭夫　社会思想社・文元社
『東京のわらべ歌』尾原昭夫　「日本わらべ歌全集七」柳原書店
『あづま流行時代子供うた』岡本昆石　「続日本歌謡集成」東京堂
「童謡集」釈行智　『続日本歌謡集成』東京堂・『新日本古典文学大系』岩波書店
「守貞漫稿」喜田川守貞　『類聚近世風俗志』榎本書房
『讃岐典侍日記』石井文夫校注・訳　「新編日本古典文学全集」小学館
『讃岐典侍日記』森本元子全訳注　講談社学術文庫
『徒然草』久保田淳校注　「新日本古典文学大系」岩波書店
『閑吟集』土井洋一・真鍋昌弘校注　「新日本文学大系」岩波書店
「一休はなし」『仮名草子集成』東京堂出版
「筆のかす」野間義学　写本「古今童謡」

『「古今童謡」を読む』尾原昭夫・大嶋陽一・酒井董美　今井出版
『お話・日本の童謡』北原白秋　アルス
『日本伝承童謡集成』北原白秋　国書刊行会・三省堂
「イーハトーボ農学校の春」宮澤賢治　『賢治童話の歌をうたう』尾原昭夫　風詠社
『銀の匙』中勘助
「牧の朝露」菅江真澄　『菅江真澄全集』未来社
「伊那の中路」菅江真澄　同
『にごりえ』樋口一葉
「一葉日記」樋口一葉　『一葉青春日記』角川書店
『旧聞日本橋』長谷川時雨　岩波書店
『甲子夜話』『甲子夜話続篇』松浦静山　東洋文庫　平凡社
『浮世風呂』式亭三馬　「日本古典文学大系」岩波書店
『東京年中行事』若月紫蘭　春陽堂
『わらべうた』浅野建二・町田佳聲　岩波書店
『わらべうた』吾郷寅之進・真鍋昌弘　桜楓社
『子どもの四季』三井良尚　時事通信社
『東北民謡集　岩手県』武田忠一郎　日本放送出版協会
「怪談記」野間義学録　福代宏氏翻刻　『鳥取県立博物館研究報告第四〇号』
『聴耳草紙』佐々木喜善　筑摩書房

「老媼夜譚」佐々木喜善 『ザシキワラシと婆さま夜語り』河出書房新社
「遠野物語拾遺」柳田國男 『新版 遠野物語』KADOKAWA
『東京風俗志』平出鏗二郎 原書房
『明治風俗史』藤澤衛彦 春陽堂
「養老水」狂言 「狂言記補遺」『狂言全集』国民文庫刊行会
『日本の唱歌 明治編』金田一春彦 講談社
『出雲のわらべ歌』石村春荘 尾原昭夫採譜浄写楽譜六編付載（私家版）
「民間伝承落穂集」ラフカディオ・ハーン（小泉八雲） 平井呈一訳『日本雑記他』恒文社
「民間伝説拾遺」大谷正信訳 『小泉八雲全集』第一書房
「琵琶秘曲泣幽霊」一夕散人 「臥遊奇談」京都菊屋安兵衛刊 『全訳小泉八雲全集第十巻』恒文社
『怪談』ラフカディオ・ハーン 平井呈一訳 岩波書店
『マコトノ草ノ種マケリ 師父賢治先生回顧』花巻農業高等学校同窓会
『近世子どもの絵本集 江戸篇』岩波書店
『日本昔噺』巌谷小波 博文館
『童謡・唱歌の世界』金田一春彦 教育出版

［楽譜］

お正月がござった（東京）　町田佳聲採譜　『わらべうた』岩波書店

たこたこあがれ（東京）　尾原昭夫採譜　『日本のわらべうた　歳事季節歌編』文元社

唐人唐人（岐阜）　『ひだのわらべうた』青山綾子著

ひとめふため（京都）　高橋美智子採譜　『京わらべうた』駸々堂

お正月門松（栃木）　平岡均之採譜　『日本童謡民謡曲集』広島高等師範学校附属小学校

羽根や羽子板（鳥取）　町田佳聲採譜　『わらべうた』岩波書店

一つとや（東京）　尾原昭夫採譜　『日本のわらべうた　室内遊戯歌編』社会思想社・文元社

向こう横町の（東京）　尾原昭夫採譜　同

雪やコンコン（京都）　町田佳聲採譜　『わらべうた』岩波書店

千ぞや万ぞ（東京）　尾原昭夫採譜　『日本のわらべうた　室内遊戯歌編』社会思想社・文元社

七草なずな（東京）　尾原昭夫採譜　『東京のわらべ歌』柳原書店

その鳥ゃどこから（新潟）　『魚沼民謡集』魚沼音楽同好会

どんど焼きぼうぼ（長野）　尾原昭夫採譜　『日本のわらべうた　歳事季節歌編』文元社

なまはげ（秋田）　佐藤金勇採譜　『秋田山形のわらべ歌』柳原書店

上見れば（秋田）　平岡均之採譜　『続日本童謡民謡曲集』広島高等師範学校附属小学校

太陽マジックのうた　宮澤賢治作詞・作曲　「イーハトーボ農学校の春」

つくしはつんつん（千葉）　尾原昭夫採譜　『千葉のわらべ歌』柳原書店

おら前の田ん中で（千葉）　尾原昭夫採譜　同

田螺さん（長野）　尾原昭夫採譜『日本のわらべうた　室内遊戯歌編』社会思想社・文元社
お雛さまよ（千葉）　尾原昭夫採譜『千葉のわらべ歌』柳原書店
さくら（東京）　尾原昭夫採譜『東京のわらべ歌』柳原書店
べーべーぬ草（沖縄）　金井喜久子採譜『琉球の民謡』音楽之友社
鳩ととんびと（宮崎）　高橋政秋採譜『熊本宮崎のわらべ歌』柳原書店
虹の橋（京都）　高橋美智子採譜『京都のわらべ歌』柳原書店
ねぶたコ（青森）　武田忠一郎採譜『東北民謡集　青森県』日本放送出版協会
よちゃこの灯籠（秋田）　武田忠一郎採譜『東北民謡集　秋田県』日本放送出版協会
七夕さまよ（神奈川）　斎藤紀子採譜『埼玉神奈川のわらべ歌』柳原書店
天の七夕（愛知）　中島澄哉採譜（筆者部分改定）『日本童謡民謡曲集』広島高等師範学校附属小学校
盆ぼん（長野）　尾原昭夫採譜『日本のわらべうた　歳事季節歌編』文元社
盆ぼん盆の（東京）　尾原昭夫採譜『東京のわらべ歌』柳原書店
盆ならさんよ（愛知）　中島澄哉採譜『日本童謡民謡曲集』広島高等師範学校附属小学校
さのやの糸桜（京都）　町田佳聲採譜『わらべうた』岩波書店
おんごく（大阪）　町田佳聲採譜　同
山王のお猿さん（東京）　尾原昭夫採譜『日本のわらべうた　室内遊戯歌編』社会思想社・文元社
きせない（滋賀）　町田佳聲採譜『日本民謡大観　近畿編』日本放送出版協会
さんさい踊り（富山）　尾原昭夫採譜『日本のわらべうた　歳事季節歌編』文元社
守りさ子守りさ（愛知）　町田佳聲採譜『わらべうた』岩波書店

この子のかわいさ（静岡）　三井常三郎採譜　『続日本童謡民謡曲集』広島高等師範学校附属小学校
天満の市Ａ（大阪）　田邊尚雄採譜　『日本俗曲集』春秋社
天満の市Ｂ（大阪）　右田伊佐雄採譜　『大阪のわらべ歌』柳原書店
ほたるこい（東京）　尾原昭夫採譜　『東京のわらべ歌』柳原書店
二百十日の祭り（岩手）　武田忠一郎採譜　『東北民謡集　岩手県』日本放送出版協会
十五夜のお月さん（佐賀）　陶山聡採譜　『佐賀のわらべうた』音楽之友社
十五夜のお月さま（鹿児島）　久保けんお採譜　『鹿児島沖縄のわらべ歌』柳原書店
ねんねなされませ（京都）　高橋美智子採譜　『京都のわらべ歌』柳原書店
お月さまいくつ（東京）　尾原昭夫採譜　『東京のわらべ歌』柳原書店
お月さんなんぼ（京都）　高橋美智子採譜　『京都のわらべ歌』柳原書店
月ぬかいしゃ（沖縄）　尾原昭夫採譜　『日本子守唄集成』柳原出版
がんがん渡れ（東京）　尾原昭夫採譜　『日本のわらべうた　歳事季節歌編』文元社
うさぎうさぎ（東京）　尾原昭夫採譜　同
ねんねんねむの葉っぱ（長野）　町田等採譜　『信濃のわらべうた』音楽之友社
こいしくらい（島根）　尾原昭夫採譜　『日本のわらべうた　歳事季節歌編』文元社
しゃりこいこい（高知）　桂井和雄採譜　『ＮＨＫ国語講座　方言と文化』宝文館
大さむ小さむ（東京）　尾原昭夫採譜　『日本のわらべうた　歳事季節歌編』文元社
じいじいの（石川）　町田佳聲採譜　『わらべうた』岩波書店

編著者紹介

尾原 昭夫（おばら あきお）

1932（昭和７）年　島根県出雲市斐川町生まれ
1958（昭和33）年　島根大学特設音楽科（音楽高校課程）卒業　理論・作曲専攻
以降　東京都公立小学校・都立養護学校・盲学校音楽専科教諭歴任
1962（昭和37）年　文部省科学研究費助成による「わらべうたの全国的採集・研究」（３年継続）
以降　日本わらべうたの会代表・柳原書店日本わらべ歌全集編集委員
日本民俗音楽学会常任理事・日本子守唄協会理事等歴任

[主な著作]

「わらべうた風土記」「教育音楽」小学版連載 1964〜音楽之友社・『日本のわらべうた 室内遊戯歌編』1972社会思想社 2009文元社再刊・『　同　戸外遊戯歌編』1975社会思想社 2009文元社再刊・『東京のわらべ歌』1979柳原書店・『日本の子守唄50曲集』1980音楽之友社・『近世童謡童遊集』1991柳原書店・『日本のわらべうた 歳事・季節歌編』2009文元社・『古今《こきん》童謡を読む―日本最古のわらべ唄集と鳥取藩士野間義学―』共著2016今井出版・『宮澤賢治の音楽風景―音楽心象の土壌―』・『賢治童話の歌をうたう』2021風詠社・『日本子守唄集成』2022柳原出版

[受賞]

1976第16回久留島武彦文化賞・1993第47回毎日出版文化賞 日本わらべ歌全集共著 柳原書店・1994ふるさと音楽賞 田村虎蔵特別賞（鳥取県）・2017鳥取県出版文化賞（新日本海新聞社）『古今《こきん》童謡を読む―日本最古のわらべ唄集と鳥取藩士野間義学―』共著 今井出版

絵解き風流子ども歳時記

発行日	2025年３月31日	初版第一刷
編著者	尾原昭夫	
発行者	柳原浩也	
発行所	柳原出版株式会社	

〒615-8107　京都市西京区川島北裏町74
電話　075-381-1010
FAX　075-393-0469

装　幀	上野かおる
印刷／製本	亜細亜印刷株式会社

https://www.yanagihara-pub.com

ISBN978-4-8409-0094-2　C0073